Saggi

DON ANTONIO MAZZI

Per un futuro senza condizionali

Come i giovani possono cambiare il mondo

SOLFERINO

SOLFERINO

www.solferinolibri.it

Collaborazione redazionale: Cristina Mazza

ISBN 978-88-282-1799-2
Prima edizione: ottobre 2025

Per un futuro
senza condizionali

1
Di cosa il mondo ha più bisogno
L'uomo in cammino

> Lo stupore, che è il punto di partenza del pensare, non è né sconcerto, né sorpresa, né perplessità: è uno stupore che ammira.
>
> Hannah Arendt

Tempi difficili?

Il cammino dell'umanità non è mai stato agevole. Io sono nato in anni di dittatura, di propaganda, di privazione delle libertà fondamentali. Sono nato dieci anni prima dello scoppio della Seconda guerra mondiale, che ha provocato nel nostro Paese anche una terribile guerra civile.

Ragazzo, giovane e poi adulto, ho conosciuto e condiviso la povertà, l'insicurezza, la fatica di ricostruire, poi l'esplosione della società dei consumi e le sue derive, l'indebolimento delle convenzioni della società tradizionale, la contestazione giovanile, il terrorismo, il degrado urbano, gli scandali politici e altro ancora.

Con tutto questo alle spalle, ma ben presente nella memoria, non faccio parte di coloro che con una certa pigrizia intellettuale ripetono «che una volta era meglio», che un tempo la società era più stabile, più sicura, più ordinata, più pacifica, più rispettosa dei diritti di tutti e dei grandi valori morali e spirituali.

Con meno abitudine a esprimermi in «bianco o nero» (come fanno quelli che sono certi che il passato è l'ideale, il presente non ha nessun aspetto positivo e il futuro è una minaccia angosciante) sento di dover ripetere ciò in cui credo e che ha sempre ispirato le mie azioni e quelle dei miei collaboratori: non esistono «il» tempo giusto, «la» società ideale, l'uomo sicuro di sé in ogni circostanza e sempre coerente con i propri principi. Esistono, invece, persone in continua crescita, e ciò che conta è come queste persone riescono a «essere», in ogni epoca e in ogni luogo.

È anche il messaggio che mi pare emergere dai primi passi di papa Leone XIV, che si pone sulla scia degli insegnamenti di sant'Agostino – un grande pensatore e pastore in un tempo di crisi (niente meno che il passaggio dall'epoca antica a un nuovo mondo forgiato dalle cosiddette «invasioni barbariche»...) –, che diceva: «Sii tu il tuo tempo, sii tu il rinnovamento del mondo».

Se il mondo è stanco, è perché noi siamo stanchi; se è demotivato, è perché noi lo siamo; se procede su strade che non portano a nulla, è perché noi ci siamo fermati o ci ostiniamo a battere le solite vie anche se da tempo ci diciamo convinti che siano false piste.

Oggi come ieri ci sono opere da portare a termine, trasformazioni da interpretare e orientare nella giusta direzione (per esempio quelle imposte dai grandi e rapidissimi progressi tecnologici), un'economia che potrebbe dare benessere a tutti e invece assicura stratosferiche ricchezze a pochi, una cultura che si impoverisce a tutti i livelli, una trasmissione di valori tra le generazioni che si è inceppata e non sa da dove ripartire. Perciò siamo pieni di domande e le viviamo non come stimolo ad avere nuove visioni, ad aprire nuovi cammini e a creare nuove alleanze tra noi, ma paralizzati da una forte ansia. Come se le contraddizioni del presente non dipendano da noi, ma siano il frutto di qualche misteriosa congiunzione astrale.

C'è molto da capire e molto da fare, questo è certo. Ma siamo esseri speciali proprio nel possedere intelligenza, libertà, sentimenti, speranze e risorse per non sottostare ad alcuna fatalità e agire, invece, per il meglio.

Possiamo subire la crisi che viviamo, oppure far esplodere il bene in nuove direzioni.

Perché oggi più che mai il sinonimo più efficace di «futuro» è la parola «educazione»

Ed ecco il tema che vorrei affrontare in questo libro: ogni volta che le regole dell'economia ci soffocano, che la politica ci delude, che il rispetto delle regole di convivenza fondamentali viene meno, che si alza la voce per avere ragione a ogni costo, anche mentendo (e vantandosene); ogni volta che i poveri vengono messi a tacere o sovrastati da voci arroganti (anche ricorrendo alla svalutazione della loro esperienza e della loro dignità); ogni volta che la cultura, il senso del bello, la volontà di capire vengono trascurati e svalutati... bisogna in diversi contesti fare appello alla «necessità dell'educazione».

Di solito questo discorso è diffuso sulle bocche degli adulti e si rivolge anzitutto al mondo giovanile. Ma proprio quando gli adulti insistono tanto su questo aspetto, sembrano dimenticare che i protagonisti dell'educazione sono sempre due: l'educatore, che dovrebbe essere un adulto capace di prendersi cura della crescita dell'altro, e l'educando, che a ben vedere è sì il giovane, ma più profondamente è l'essere umano in quanto tale, a tutte le età.

Dunque, per un mondo in crisi, di cui ci lamentiamo e le cui prospettive ci spaventano e addirittura ci paralizzano, l'unico «rimedio» è la riscoperta della sua dimensione essenziale: viviamo nel mondo che l'uomo ha fatto e sta facendo, quindi abbiamo bisogno che l'uomo (e l'umanità in ciascuno di noi) scopra o riscopra le proprie risorse, le proprie ricchezze interiori, il proprio autentico valore e, a partire da questa scoperta, cresca, si esprima, evolva, si realizzi e dia il proprio contributo al mondo.

Possiamo crescere, tutti, compiendo su noi stessi e insieme a chi ci sta accanto uno sforzo educativo che, se vissuto con lucidità e coraggio, può davvero trasformare il mondo.

Nient'altro lo può fare, come dovrebbero comprendere anche coloro che ci governano, che purtroppo investono in educazione una parte sempre troppo esigua dei bilanci pubblici.

In cammino

Vorrei cominciare con un'immagine biblica. Non lo faccio solo per rendere omaggio a un mio grande compagno di cammino, l'arcivescovo di Milano Carlo Maria Martini, che ci ha lasciato nel 2012, ma perché proprio lui ha insegnato anche a me due cose fondamentali:

1. che il Vangelo aiuta a leggere ogni aspetto della storia, personale e universale;
2. che questo aiuto è disponibile non solo per i credenti, com'è ovvio, ma anche per i non credenti aperti e disposti a riflettere insieme su un patrimonio di saggezza e attenzione all'umano di cui non possiamo privarci senza impoverirci (e infatti il cardinale Martini istituì, e ripeté più volte, la «Cattedra dei non credenti», un appuntamento di intenso dialogo con pensatori, uomini e donne di cultura e orientamento anche non cristiano).

L'episodio su cui vorrei riflettere è narrato nel Vangelo di Luca ed è noto come «i due discepoli di Emmaus».
Lo riporto qui per intero:

> Ed ecco, in quello stesso giorno due di loro erano in cammino per un villaggio di nome Emmaus, distante circa undici chilometri da Gerusalemme, e conversavano tra loro di tutto quello che era accaduto.
>
> Mentre conversavano e discutevano insieme, Gesù in persona si avvicinò e camminava con loro. Ma i loro occhi erano impediti a riconoscerlo.

Ed egli disse loro: «Che cosa sono questi discorsi che state facendo tra voi lungo il cammino?».

Si fermarono, col volto triste; uno di loro, di nome Clèopa, gli rispose: «Solo tu sei forestiero a Gerusalemme! Non sai ciò che vi è accaduto in questi giorni?».

Domandò loro: «Che cosa?».

Gli risposero: «Ciò che riguarda Gesù, il Nazareno, che fu profeta potente in opere e in parole, davanti a Dio e a tutto il popolo; come i capi dei sacerdoti e le nostre autorità lo hanno consegnato per farlo condannare a morte e lo hanno crocifisso. Noi speravamo che egli fosse colui che avrebbe liberato Israele; con tutto ciò, sono passati tre giorni da quando queste cose sono accadute. Ma alcune donne, delle nostre, ci hanno sconvolti; si sono recate al mattino alla tomba e, non avendo trovato il suo corpo, sono venute a dirci di aver avuto anche una visione di angeli, i quali affermano che egli è vivo. Alcuni dei nostri sono andati alla tomba e hanno trovato come avevano detto le donne, ma lui non l'hanno visto».

Disse loro: «Stolti e lenti di cuore a credere in tutto ciò che hanno detto i profeti! Non bisognava che il Cristo patisse queste sofferenze per entrare nella sua gloria?».

E, cominciando da Mosè e da tutti i profeti, spiegò loro in tutte le Scritture ciò che si riferiva a lui.

Quando furono vicini al villaggio dove erano diretti, egli fece come se dovesse andare più lontano. Ma essi insistettero: «Resta con noi, perché si fa sera e il giorno è ormai al tramonto». Egli entrò per rimanere con loro.

Quando fu a tavola con loro, prese il pane, recitò la

> benedizione, lo spezzò e lo diede loro. Allora si aprirono loro gli occhi e lo riconobbero. Ma egli sparì dalla loro vista.
>
> Ed essi dissero l'un l'altro: «Non ardeva forse in noi il nostro cuore mentre egli conversava con noi lungo la via, quando ci spiegava le Scritture?». Partirono senza indugio e fecero ritorno a Gerusalemme, dove trovarono riuniti gli Undici e gli altri che erano con loro, i quali dicevano: «Davvero il Signore è risorto ed è apparso a Simone!». Ed essi narravano ciò che era accaduto lungo la via e come l'avevano riconosciuto nello spezzare il pane.[1]

L'elemento che mi colpisce per primo in questo racconto è che quasi tutto avviene camminando.

Camminano i due discepoli di Gesù che se ne vanno da Gerusalemme, un po' delusi e forse preoccupati per il loro futuro.

Cammina Gesù risorto, accanto a loro, senza che essi possano riconoscerlo.

I tre camminano insieme, non si fermano mai. Sempre camminando, hanno un'intensa conversazione: i due discepoli sfogano la loro delusione e cercano di coinvolgere lo straniero. Poi ricevono una ricca istruzione proprio a proposito di ciò che sta loro a cuore, ma non si capisce subito se questa tocca o meno le loro menti e i loro cuori.

Quando i due discepoli sono quasi arrivati, sentono di avere bisogno di un riparo dalla notte che incombe.

[1] Lc 24,13-35.

Gesù, invece, fa come se dovesse andare più lontano e come se non avesse paura dell'oscurità.

Allora i due lo pregano di restare con loro. Non sanno ancora bene perché lo fanno, né hanno nulla di particolare da offrirgli. Probabilmente vogliono solo prolungare la condivisione di questo momento e il dialogo con il misterioso forestiero che sembra avere qualcosa di importante da insegnare, seppure non sia ancora del tutto chiaro «cosa».

A questo punto, Gesù smette di insegnare a parole, ma compie un gesto nello stesso tempo ordinario, domestico persino, e in qualche modo sacro: prende il pane, ringrazia Dio per averlo donato agli uomini, poi lo spezza perché ne abbiano tutti una parte e lo consegna loro.

In questo momento, i due discepoli si ricordano dell'insegnamento più importante del Maestro: quel dono del pane, stando a tavola con i suoi, nel quale lui voleva dare la chiave di lettura di tutta la sua missione, cioè la disponibilità a donarsi per la vita degli altri senza riserve. Persino a costo della propria morte.

Così «vedono» e comprendono che Gesù non voleva «ammaestrarli», ma prendersi cura di loro perché avessero la vita e non temessero più nulla.

Infatti, il riconoscimento del dono condiviso con Gesù spinge i due discepoli a intraprendere subito, sebbene sia ancora notte (!), il loro viaggio.

Però a ritroso, perché ora hanno superato la delusione e la paralisi e hanno qualcosa di importante da condividere con gli altri.

Educatori in cammino

Nella pagina del Vangelo che ho brevemente presentato è contenuta l'intuizione di cui voglio parlare in questo libro. Che è questa: per individuare e seguire con convinzione, con efficacia e con gioia la strada che porta alla vita, alla pace, al bene, non dobbiamo attendere un miracolo dal cielo, ma abbiamo bisogno di vivere un vero «percorso educativo».

Questo significa scoprire che l'umanità può prendersi cura di se stessa grazie a un servizio (l'educare e l'educarsi, appunto) che ci raggiunga e ci coinvolga, da protagonisti, là dove ciascuno di noi si trova e lungo la strada che ciascuno sta percorrendo.

Non un servizio che ci renda passivi, o, peggio, ubbidienti a una serie di regole il cui valore e la cui bellezza non abbiamo appreso noi stessi, ma un camminare insieme per nuovi percorsi.

La domanda, oggi come sempre, è: «Dove sto andando?». E: «Dove stiamo andando tutti?».

Dire che abbiamo urgente bisogno di risposte è dire un'ovvietà: l'umanità ha a disposizione sempre più mezzi e non mancano, se vogliamo, le risorse necessarie ad affrontare qualsiasi problema. Ciò che manca è una prospettiva valida e condivisa, che possa accendere i cuori, le menti e le volontà.

Il servizio che rende possibile questa prospettiva si chiama, lo ripeto, «educazione» (e non «proclamazione», «indottrinamento», «imposizione» e così via). E perché sia svolto con cura prevede anzitutto che non si trascuri la pratica del camminare insieme e tutto ciò che il camminare può insegnarci.

L'uomo ha bisogno di cambiare. Di più: non ha bisogno solo di «formazione», ma di «rinascita»

Inserisco a questo punto la voce di Gabriella Ballarini, responsabile del settore Formazione di Educatori Senza Frontiere, che ha scritto queste parole per me illuminanti:

> Quando ci fermammo con gli altri volontari a riflettere sul senso della nostra esperienza formativa prima della partenza, ci chiedemmo quale potesse essere la condizione in cui ci saremmo potuti trovare durante le giornate di studio e di riflessione pre-partenza; ciò che mi venne subito in mente fu che mi augurai di uscirne «confusa».
>
> Mi chiesero spiegazioni, ci soffermammo a parlare del valore di *costruire le proprie certezze cammin facendo* e non di partire con qualcosa che definirei banale come la «verità in tasca».
>
> Volevo sorprendermi, io. Volevo riscoprire il significato profondo del termine «formazione» e farlo diventare «tras-formazione».
>
> Volevo trasformare un'esperienza professionale in un'esperienza di vita.[2]

[2] Gabriella Ballarini, *Camminammo camminando. Le strade che portano altrove*, Editrice Monti, Saronno 2009, p. 15.

Questa bella testimonianza si può applicare a qualsiasi «impresa educativa» tesa verso se stessi e gli altri per fare un vero passo avanti. Non conta, dunque, la specifica «impresa» che l'autrice si apprestava a compiere insieme ad altre persone. Conta l'atteggiamento del sentirsi pronti a partire e del concepire la formazione come un servizio alla trasformazione: senza immobilismo e senza «verità in tasca».

La sfida verso il presente e il futuro che ci riguarda tutti

Alla domanda: «Come va il mondo?» la risposta oggi più diffusa contiene un tasso di pessimismo conseguente al clima che si respira. Ecco un dato che ovviamente colpisce tutti noi:

> Nel mondo sono attivi 56 conflitti, il numero più alto mai registrato dalla fine della Seconda guerra mondiale. È il dato che emerge dall'edizione 2024 del *Global Peace Index*, pubblicato a giugno 2024 dall'Institute for Economics & Peace. L'indice, principale indicatore mondiale della pace, utilizza 23 indicatori qualitativi e quantitativi provenienti da fonti attendibili e misura lo stato di pace di 163 Stati e territori considerando tre ambiti: il livello di sicurezza e protezione sociale, la portata dei conflitti interni e internazionali, il grado di militarizzazione.
>
> […]

> L'indice rileva che il livello medio della pace è peggiorato dello 0,56%. Si tratta del dodicesimo peggioramento negli ultimi 16 anni.
>
> Su 163 Paesi analizzati, 97 registrano un peggioramento delle condizioni di pace, mentre 65 hanno migliorato la loro situazione.
>
> I conflitti, evidenzia il Rapporto, sono sempre più internazionalizzati, con 92 Paesi impegnati in conflitti oltre i loro confini. È il maggior numero mai registrato dall'avvio dell'Indice nel 2008. E il numero crescente di conflitti minori aumenta la probabilità che si verifichino conflitti più grandi in futuro.[3]

Una situazione che nell'ultimo anno probabilmente è addirittura peggiorata (realizzando la famosa «Terza guerra mondiale a pezzi» di cui parlava spesso papa Francesco), o comunque questa è la percezione più diffusa.

Dunque non ci sono solo Ucraina-Russia e Israele-Palestina, ma moltissime altre situazioni in cui il cammino dell'umanità, cioè di bambini, ragazzi, uomini, donne, anziani, è vissuto in condizioni di ingiustizia, di minaccia, di tensione, di violenza, di morte, di povertà, di paura e di sradicamento.

Tutti invochiamo l'intervento di autorità politiche – specialmente le più potenti – che siano in grado di

[3] Tommaso Tautonico, *Global Peace Index 2024: il mondo a un bivio, c'è il rischio di conflitti più grandi*, ASVIS - Alleanza Italiana per lo Sviluppo Sostenibile, 18 giugno 2024, https://asvis.it/notizie/2-20816/global-peace-index-2024-il-mondo-a-un-bivio-ce-il-rischio-di-conflitti-piu-grandi.

«imporre la pace», ma sembriamo trascurare che per essere in pace bisogna diventare «esseri umani in pace».

A non dimenticare questa dimensione sono gli educatori, cioè tutti coloro che nel mondo lavorano a servizio della formazione, e ancor più della trasformazione, degli esseri umani: una sfida in cui si spendono sempre troppo poche risorse materiali, ma che richiede anzitutto che si mettano a disposizione le migliori «risorse umane».

Queste risorse sono in primo luogo persone che camminando hanno imparato a far camminare la loro coscienza, e si impegnano ad accompagnare gli altri con la magnifica discrezione di cui parla con tanta efficacia il Vangelo di Luca. Lì l'educatore non viene nemmeno riconosciuto e ringraziato come tale, ma lui non si scoraggia: ha imparato a imparare, a condividere, a spezzare il pane che c'è e a darlo a tutti senza condizioni.

Un discorso, questo, il cui valore, come vedremo, può essere compreso da tutti: credenti, non credenti, appartenenti a qualsiasi religione e membri di qualsiasi classe sociale. In qualsiasi Paese, in Europa, nelle Americhe, in Asia, in Africa e in Oceania.

Lo spirito giusto

Dunque abbiamo bisogno:

- di persone che vogliano essere educatori, mettendosi in gioco con tutte le loro forze;
- di educatori che imparino a essere tali camminando;

- di educatori che educhino camminando e che non smettano mai di camminare;
- di educatori che abbattano ogni barriera e ogni confine che impedisce oggi il progresso umano di chiunque.

Mi scuso per la frequente ripetizione dei termini «camminare» e «cammino», ma si tratta – come spiegherò meglio e come spero soprattutto di mostrare nella seconda parte del libro – della chiave di volta di tutto il discorso.

Mi aiuta la voce di Cristina Mazza – un'altra collaboratrice preziosa e responsabile proprio sul fronte, come vedremo, dell'educare –, la cui voce cito da un suo articolo:

> In questo tempo così aggrovigliato e confuso, dove il mondo si trova a dover riconoscere che sta perdendo il controllo e che l'essere umano ha valore solo se inserito in un meccanismo a servizio della produttività e della «corsa all'oro», sento che è necessario ritrovare quella profondità di cui noi abbiamo bisogno e di più quelli che stanno attorno a noi.
>
> Siamo donne e uomini che hanno camminato in questa avventura che ci ha chiesto molto, senza lasciare nulla al caso, dando significato a ogni cosa, rischiando in prima persona con coraggio, creando luoghi di bellezza interiori per poterci rifugiare nei momenti complessi. Siamo uomini e donne capaci di cose che non credevamo saremmo stati in grado di creare, costruire, affrontare.
>
> La storia non ci ha abbandonato, ci ha preso per mano

e ci ha guidato nei meandri dell'umanità nella quale abbiamo scoperto il vero e il bene, il cuore, l'amore, la possibilità, le strade impossibili.

Questa storia è ancora qui e ci aspetta in un cammino perpetuo che non si ferma. Noi siamo dentro questa storia, e abbiamo creato insieme altre storie. Siamo replicatori di umanità.

Abbiamo immaginato futuri per tutti quelli che abbiamo incontrato.

Abbiamo un passato perché abbiamo letto il presente e solo così siamo capaci di immaginarci il futuro. Un futuro solido, fatto di certezze, ma anche di tante incertezze, fatto di sogni, fatto soprattutto di intuizioni. Siamo dei piccoli profeti di questa storia perché abbiamo avuto il coraggio di immaginare e creato la consapevolezza di ciò che è buono.

Abbiamo percorso e aperto tante strade e incontrato tante anime con le quali abbiamo stabilito connessioni, quelle del cuore che hanno generato domande e cercato risposte.

[...]

Lo spostamento non è sempre comodo, genera spesso inquietudine. Ma se ci spostiamo significa che dentro di noi c'è un desiderio di cambiamento. Questo atto è un gesto di cura verso noi stessi. Significa che non è più tempo per restare dove si è ma è necessario mettersi in viaggio, preparare lo zaino e predisporre uno spazio per sé stessi. Essere consapevoli che il viaggio prevede varcare un confine, oltrepassare lo spazio conosciuto per camminare su strade inesplorate.

Lo spostamento implica l'esercizio dello sguardo e dell'attenzione all'altro, alle cose che incontro, alla strada e alla direzione. Ci allena i sensi, ci fa diventare più curiosi. Lo spostamento da qui a... implica una prospettiva, un punto di vista, uno scenario immaginato.

Queste azioni sono cura per sé...

E allora parliamo di CURA.

In questi anni ci siamo presi cura di noi e dell'altro con azioni semplici, con parole, con note, con gesti.

La cura è anche silenzio pensante, scevra di mille parole ma quelle poche ricche di significato. La cura è fiducia: se io non sono qui con te e non riempio lo spazio di parole o di azioni, rimane la presenza fiduciosa fatta di sintonie di anime belle che si incontrano e non si lasciano mai. Prendersi cura di noi e dell'altro è darci la possibilità di rifiorire.

[...]

Forse non dobbiamo più parlare di diversità, ma dobbiamo ricominciare a parlare di unità, contrastando le politiche mondiali nel nostro piccolo mondo che abitiamo.

Le azioni di pace partono da noi, dall'essere in pace con noi stessi e dal fare pace con gli altri, dal promuovere impegni di pace che mi portano a essere in sintonia con me, con l'altro, con il mondo.

Non possiamo fare azioni di pace con i lontani, se non troviamo serenità con i vicini. La pace nasce dal desiderio di camminare insieme fianco a fianco contemplando talenti, caratteristiche, caratteri, parole e sentimenti altri che hanno valore e senso tanto quanto i miei.

> La pace inizia dalle piccole cose...
>
> [...] Possiamo però attraverso l'educazione sostenere percorsi di pace nei giovani che si affacciano alla vita, che iniziano a relazionarsi con le diversità degli esseri umani.
>
> Abbiamo il dovere di urlare che la diversità è una ricchezza e che della diversità non si deve avere paura. Che i talenti vanno condivisi e che l'altro è altro da me ma non diverso da me...[4]

E anche grazie a Cristina cominciamo a comprendere la via che propongo. Da dove nascano e a cosa portino concretamente queste parole, lo scopriremo presto.

L'uomo è un «animale itinerante»

È giustamente celebre la definizione che Aristotele dà dell'uomo come «animale razionale» e «animale sociale». Dovrebbe significare che la razionalità serve all'uomo in primo luogo per creare relazioni significative, positive, creative e solide, cioè legami di amore, di amicizia e di cittadinanza grazie ai quali è possibile godere di una vita di qualità e sperare (perché a quel punto la si può immaginare e sognare) nella vita eterna.

A queste definizioni io ne aggiungerei un'altra, che mi sembra indispensabile per collocare nella giusta pro-

[4] Cristina Mazza, *Vent'anni di noi, un'avventura ben-detta*, ESF - Educatori Senza Frontiere, https://www.educatorisenzafrontiere.org/2025/02/25/ventanno-di-noi-unavventura-ben-detta/.

spettiva le nostre razionalità e relazionalità: l'uomo è un «animale itinerante».

Non alludo solo al fatto che l'umanità è in continuo movimento per cercare nuove e migliori condizioni di vita, per conoscere, per fare affari, per abitare e adattarsi in ambienti un tempo ostili. Penso invece prima di tutto a un «essere in cammino» con tutto se stesso, sempre, anche quando si vive per tutta la vita nello stesso luogo e magari facendo lo stesso mestiere.

Solo camminando l'uomo accoglie alcuni elementi della realtà che altrimenti considera estranei e addirittura pericolosi: la fragilità, la precarietà, la provvisorietà, la fiducia nel futuro, il desiderio dell'oltre e quindi il rischio che serve a raggiungerlo.

Per vivere tutto questo, non si tratta solo di camminare, ma di «camminarsi».

Quando ci muoviamo, quando non rinunciamo a un desiderio, quando ci orientiamo verso un obiettivo o agiamo per realizzare un progetto, di solito camminiamo sulle strade che conosciamo o su strade «nuove» ma comunque lungo percorsi già noti a noi o agli altri (seguiamo consigli, che si spera siano saggi, a volte invece mode, a volte falsi miti...).

Altra cosa è «camminarsi dentro»: un'impresa difficile, strana da definire, certamente fuori moda.

Per molti di noi «crescere» equivale a fare carriera, ad aumentare la propria sicurezza, a selezionare ambienti e relazioni, a partecipare al «grande gioco» dell'economia e del progresso (o almeno ciò che viene ritenuto tale).

Quando camminiamo così, siamo guidati dalla tensione verso il possedere, il potere, l'apparire e il godere.

Ora proviamo a immaginare di fare *footing* dentro l'anima: chi di noi è disposto a camminarsi dentro fino a scoprire la propria anima? È più facile attraversare l'oceano che affrontare la nostra parte oscura, o quantomeno la parte più pesante, rinunciataria, sterile, accecata e addormentata.

Eppure, se l'uomo non fa questo tentativo non cambia mai. Camminarsi dentro è l'unica avventura che rende l'uomo degno di se stesso. È il movimento che può darci sale e lievito. È il vero «cercate!» che fa parte di tutte le più grandi saggezze dell'umanità, compresa la forza dell'appello evangelico.

Certo, per arrivare fino all'anima dobbiamo fare un discreto lavoro di pulizia. Solo fatta questa operazione (che non può mai essere compiuta una volta per tutte) potremo scoprire le radici di noi stessi: perché siamo nati, dove andremo, quali strade percorreremo, quale senso dare alla nostra esistenza.

I nostri nemici (pigrizia, ignoranza, negligenza, ipocrisia, potere, denaro, dipendenze ecc.) hanno potere su di noi solo perché toccano radici molto profonde del nostro essere. E sono tutte forze che sappiamo nominare perché, in fondo, sono i «luoghi comuni» del male intorno a noi e dentro di noi.

Dobbiamo fare il primo passo: una spoliazione che ricorda quella di san Francesco di Assisi in piazza. Oltre questo, si apre il cammino.

Se riusciremo a camminare dentro di noi, scopriremo un'altra cosa ancora: quanto sia liberatorio il dolore, il pianto. Da questo mondo è scomparso il pianto sincero. Sono rimasti i pianti isterici, le lacrime fasulle, le paranoie, le lamentele. Il pianto che sgorga da chi sta camminandosi dentro vale come un nuovo battesimo, una resurrezione.

Un aiuto per il nostro cammino interiore lo potremo ottenere facendo un quarto d'ora di silenzio contemplativo al giorno.

Nel silenzio, sgorgano vibrazioni che avevamo sepolto nella confusione, negli egoismi, nei doppi giochi e nel fariseismo che accompagna molti momenti della nostra quotidianità.

Educare è camminare e camminarsi dentro. L'uomo che fa veri progressi è un pellegrino

Sto parlando di un completo rinnovamento del mondo e lo sto facendo dipendere dal servizio dell'educazione. Ho sottolineato l'importanza dei passi dell'uomo come animale itinerante.

Qual è il legame tra questi due temi?

«Educare» significa «condurre fuori» e anche «tirare fuori», cioè mettere in movimento un'anima rivelando il tesoro che c'è in lei e facendolo venire alla luce.

Educare è un viaggio e un parto. E l'educatore, quindi, è nello stesso tempo un maestro di itineranza e una levatrice, perché l'uomo che vaga per strade che non portano a nulla – o peggio, al male, alla solitudine e alla sofferenza – deve essere raggiunto e bisogna condividere con lui «nuovi passi» su nuovi percorsi, permettendogli di scoprire che dentro di lui ci sono desideri, idee, risorse ed energie per fare strada.

Non c'è alcun dubbio: il rinnovamento dell'uomo e del suo mondo richiede un «patto educativo» (espressione cara a papa Francesco, che l'ha lanciata come uno dei suoi meravigliosi stimoli per avviare processi di reale cambiamento) e il patto educativo di cui abbiamo bisogno è un mettersi in movimento.

Ora attenzione.

Quanto sto cercando di descrivere corre il rischio di essere scambiato per il cammino di un vagabondo.

L'immagine dell'uomo e della donna senza appartenenze, senza legami, senza regole, che vivono in un'incertezza disarmante e disarmata e si affidano alla fortuna ha avuto qualche successo nei decenni passati, a cominciare dalla formidabile stagione della contestazione giovanile del Sessantotto e passando, anche qui, attraverso mode e slogan di facile suggestione.

Ciò a cui penso quando parlo di educazione, però, non è l'essere vagabondi, ma l'essere pellegrini.

È pellegrino:

- chi si sporge fuori dalla sua zona di comfort, perché ha capito che è una di queste due cose: o l'area definita dalle proprie debolezze e dipendenze (se non dal proprio egoismo e dal male di cui siamo capaci e al quale è terribile abituarci), oppure l'area in cui ci si accontenta del minimo indispensabile in tema di bene e di amore (quanto basta per sentirsi «a posto», senza godere, di conseguenza, del vero gusto di una vita piena);

- chi parte con un bagaglio leggero, uno zaino nel quale impara a caricare alcuni strumenti essenziali: ascolto, valori, senso delle priorità, compagni di viaggio da non perdere di vista – cioè maestri –, parole-chiave grazie alle quali orientarsi;
- chi ha capito che non si cammina bene da soli, cioè che una parte del viaggio, come dicevo, avviene «dentro di sé», ma mette alla prova e stimola questo cambiamento interiore misurandolo sulla capacità di condividere e amare altre persone;
- chi ha capito che la meta è il viaggio, perciò non si regola in base ai «risultati» o alle tappe preventivate e raggiunte;
- colui le cui fatiche e tormenti sono nulla rispetto alle sue speranze;
- colui che ha fame e sete di verità. Per lui la verità non è un'idea, ma cibo e presenza;
- colui che mentre cammina non tiene lo sguardo fisso su se stesso o sul proprio gruppo, ma sul primo venuto, cioè su chi si presenta alla sua attenzione, chiunque sia. Il pellegrino incontra davvero, a ogni passo, chi si fa avanti;
- colui che nel camminare non distingue il virtuoso e la canaglia, il barbone e il principe, il nonno e il nipote;

- colui che conosce poco il vocabolario già scritto. È povero di parole e ricco di spirito: ascolta, parte, va, riceve, prende, lascia, sopporta... e impara;
- colui che non si preoccupa di essere amato, ma vuole imparare ad amare e a condividere amore, perché tutti crescano nell'amore insieme.

Essere l'esodo di noi stessi

Io la Bibbia non la conosco molto. Il libro che mi ha sempre affascinato di più è l'Esodo, la storia di un popolo che cerca la sua liberazione. È la storia di ciascuno di noi.

Questo confronto laico con la tradizione della Bibbia ha un suo importante significato: inserendo l'avventura nella nostra vita, scopriamo che riprendere a camminare vuol dire riprendere a cercare, a interrogarsi, a mettere a fuoco passo passo un progetto non improvvisato né messo a punto a tavolino, ma che nasce da una vera profondità.

Ognuno di noi può avere un suo esodo, ognuno di noi è l'esodo di se stesso. Ognuno di noi ha bisogno di liberarsi da se stesso. Cominciamo a pensare alla vita come se fosse un esodo con le sue tappe: «Da cosa mi sono liberato oggi? Da cosa voglio essere liberato domani?», con tutto quello che consegue.

Nell'Esodo si racconta di un popolo che, mettendosi in cerca della libertà, rischia di affogare nel mare o di essere fatto a pezzi dal più potente esercito dell'epoca. Quando si fa erranza, è normale essere tormentati da momenti di paura.

Eppure, poco tempo dopo, nel deserto, per quello stesso popolo il vero «nemico» della libertà non è più un elemento ostile della natura e non è una massa di soldati, ma una forza interiore: la nostalgia di una piccola schiavitù che ora sembra meglio di una grande libertà, perché quando si rischia per essere nuovi ogni schiavitù lasciata alle spalle sembra improvvisamente sopportabile e, tutto sommato, non così pesante.

Non era forse meglio essere schiavi ma sicuri? Non era forse meglio sapere esattamente quale fosse il proprio dovere e accontentarsi della propria sorte? Non era meglio essere sicuri del proprio pane invece che sognare chissà quale terra promessa?

Confrontarci con il racconto dell'Esodo e metterci noi stessi in cammino per il nostro esodo dà significato anche alla paura, anche alla voglia di tornare indietro: è la nostra storia.

Per evitare che il nostro cammino si interrompa, dobbiamo fidarci delle consolazioni e delle intuizioni che il camminare ci offre ogni giorno, se le sappiamo individuare.

E qui si apre lo spazio per una scoperta sorprendente: chi, camminando, si libera anche solo per un giorno da una pessima abitudine... si ritrova in breve tempo a concepire un grande progetto di vita. È come se dicesse a se stesso: «Se oggi posso dire no a questa piccola cosa, allora posso dire di no anche domani, poi posso dire no a una dipendenza più importante e cominciare ad accogliere nuove abitudini, nuove idee, nuovi impegni, nuove regole...».

Nel deserto, cioè in una completa libertà che sa di precarietà, il popolo dell'Esodo riceve delle regole (i cosiddetti «dieci comandamenti», che in realtà sono dieci «parole di vita») di cui finalmente comprende il senso e il valore.

Infatti, se non abbiamo un grande progetto di vita nuova, anche le regole non servono, anzi. Solo davanti a un grande progetto di vita si possono accettare alcune regole. Se non spieghiamo ai giovani il perché delle regole, esse non hanno significato.

In questo momento noi enfatizziamo la necessità delle pene, della deterrenza, dei castighi, perché non siamo capaci di entusiasmare la gente a proposito dei progetti di vita.

Diamoci dei grandi sogni, e coltiviamo grandi sogni in chi riceve un aiuto educativo, e allora sapremo giustificare anche qualche grande fatica.

C'è un pericolo quando noi ci mettiamo per strada: se abbiamo degli obiettivi seri siamo dei pellegrini, altrimenti siamo dei vagabondi. Diventiamo pellegrini nel momento in cui percepiamo che il nostro camminare ha valore e a poco a poco intuiamo dove stiamo andando.

Il vagabondo, invece, è la persona triste che si alza e non sa cosa succederà durante la giornata (e quindi, in fondo, non la vede come un'opportunità, ma la teme).

Attenzione, d'altra parte, alle avventure, perché potrebbero diventare dei vagabondaggi e trasformarsi in disastri.

Le avventure si riconoscono perché ci attraggono con la promessa di una «vittoria facile», un risultato «a portata di mano», un «successo sicuro». Il pellegrino, che non guarda alla meta ma al valore del camminare in sé, non si fa ingannare da questi miraggi e a evitare questo serve, tra l'altro, il suo camminare insieme agli altri.

Perché l'Esodo insegna a uscire dai nostri egoismi. È sempre meglio non camminare da soli, è sempre meglio far strada in compagnia. Quelli che fanno le strade da soli, convinti di essere gli unici che hanno trovato la verità o che gli altri non capiscano le loro motivazioni, sono dei grandi egoisti. La vera avventura la si fa sempre in gruppo, ci si confronta e ci si aiuta, si condivide.

Per questo l'Esodo parla di un popolo. Educare significa anche insegnare a far parte di un popolo in cammino.

E questo popolo, sempre secondo la lezione dell'Esodo, è liberato. Da quando esce dall'Egitto, infatti, il suo compito è scoprire, valutare, apprezzare, difendere e affermare la propria libertà.

In un processo educativo, la libertà è ovviamente l'elemento determinante: ne è la condizione di partenza (nessun essere umano che non sia libero, e quindi responsabile di sé, può progredire), ne è lo strumento essenziale (le tappe dell'educazione coinvolgono e stimolano sempre atti di libertà) e ne è anche la meta, perché l'uomo realizzato è colui che sa esprimere in pienezza se stesso vincendo condizionamenti interiori ed esteriori e gustando la propria creatività e unicità.

Educatori adulti che hanno saggezza e qualcosa da condividere

Noi viviamo in una società che ci spinge a riempire sempre di più il nostro vaso. Anche se siamo adulti, manca sempre qualcosa: c'è sempre qualcosa da accumulare. Eppure riuscire, a un certo punto, a dare agli altri è liberarsi dal bisogno di accumulare per accumulare (avere di più, sapere di più, possedere più certezze e più sicurezze, anche per il futuro...).

Quando è colmo il vaso dell'adulto e quando finalmente si può attingere da esso? Non c'è una data cronologica come quella che divide l'infanzia dall'adolescenza. Si può essere adulti a 18 anni, mentre qualcuno a 81 anni non ha ancora compiuto il passo avanti necessario.

C'è un elemento che rivela che siamo adulti credibili, in grado di provvedere alla sete degli altri e all'educazione dei più giovani: il fatto che non ci affrettiamo, persino con un certo orgoglio, a costruire una grande città secondo le nostre regole e le nostre convinzioni.

Nella Bibbia, sempre letta con sguardo laico, c'è un'immagine potente che parla di questa tentazione: la «torre di Babele».

Gli uomini, pensando di essere forti, di non avere bisogno di nessuno e di avere tutti una sola lingua (cioè certezze che non necessitavano più di evolvere) decisero di costruire un monumento a se stessi. E cosa scelsero? Una torre, che doveva essere altissima, cioè, guarda caso, una fortificazione inespugnabile.

Ma questo progetto è in realtà la più evidente manifestazione di debolezza: non costruiscono una città accogliente, che preveda di estendersi con quartieri pacifici ricchi di diversità. No. Pensano a un enorme edificio chiuso in cui stringersi tutti insieme e vigilare sulla loro rigida uguaglianza: una rigidità che sa di morte.

Per liberarli da questo rischio, il Signore «impone» la diversità: moltiplica le loro lingue al punto che nemmeno riescono a comunicare fra loro.

Chi si mette in cammino e chi propone itinerari educativi è invece attratto dalle diversità e se ne arricchisce. Le custodisce, le ascolta, cerca di comprenderle, modula il proprio passo perché anche il diverso possa fare qualche miglio con lui.

Per una educazione integrale: lo sviluppo della coscienza

Solitamente, il comportamento umano viene fatto risalire all'intelligenza o alla volontà, senza prendere in considerazione i sentimenti e le emozioni, che invece influenzano notevolmente la vita di un individuo.

L'uomo non è solo intelligenza e volontà: se così fosse, sarebbe un computer che fa le cose automaticamente, senza farsi influenzare da niente e da nessuno. Questa non è la realtà: l'uomo è fortemente condizionato dai sentimenti e dalle emozioni che prova.

I sentimenti e le emozioni rappresentano elementi importantissimi nella vita di una persona, e si tratta di una dimensione dell'animo umano a proposito della quale resistono alcuni pregiudizi che ci impoveriscono. Si dice, per esempio, che si diventa adulti quando si riescono a controllare le emozioni, quando si riesce a non mostrarle, ma nella vita reale, quando si vogliono provocare delle reazioni, non si agisce né sull'intelligenza né sulla volontà, bensì sulle emozioni.

La coscienza può essere definita come la sintesi e il punto di coordinamento più alto dell'intelligenza, della volontà, dei sentimenti e delle emozioni: se la coscienza fosse solo una questione di testa, l'uomo sarebbe un essere freddo come una pietra (coloro che fanno tutto solo perché è il loro dovere sono un po' così). È importante che in tutto ciò che si fa ci sia un po' di sentimento, perché questa è l'unica possibilità di fare bene le cose (spesso i ragazzi vanno male a scuola perché la considerano esclusivamente un dovere).

Se si fa crescere in questo modo la propria coscienza, si riesce a godere delle proprie emozioni e dei propri sentimenti ed è possibile anche comprendere perché si nutrono dei rancori e affrontarli per lasciarseli alle spalle; questa è la via per migliorare le proprie azioni, facendo in modo che in esse vi sia sempre del sentimento (non può esserci sempre solo il dovere o la necessità).

Il desiderio è un altro elemento fondamentale nella vita di una persona (ci sono desideri che cambiano la vita di chi li nutre), e non pertiene unicamente all'intelligenza o alla volontà.

Una persona non può vivere senza desideri, anzi, più il desiderio è alto e bello, migliore sarà la qualità della vita.

I desideri non sono una fuga dalla realtà, ma un potenziale sconosciuto che è dentro ciascun individuo: noi non conosciamo nemmeno la metà del nostro potenziale ed è per questo che è importante avere al proprio fianco delle persone che ci aiutino a scoprire ed esprimere questo potenziale nascosto, che spesso si trova proprio nei sentimenti, nelle emozioni e nei desideri.

La coscienza è il luogo dell'intelligenza, della volontà, dei sentimenti e dei desideri. Solo se si riesce a crescere in essa la vita dà emozioni e soddisfazioni immense, altrimenti si vive avendo sempre paura dell'Altro, schiavi dell'ipercontrollo e del dovere.

Nella filosofia di Exodus il cammino è un elemento centrale, ma non si cammina solo per raggiungere una meta, bensì perché si è spronati da una spinta interiore, costituita per l'appunto dalla coscienza (che è per l'uomo ciò che la benzina è per la macchina).

La coscienza è una grande ricchezza che ci stimola: non si può eliminare il proprio passato, neppure quello negativo, che deve essere integrato nella coscienza, perché solo così si cresce veramente.

La coscienza non deve essere ridotta alla volontà, ai dieci comandamenti, ai sacramenti, alla catechesi, perché è qualcosa di molto più bello: non bisogna cancellare i propri sentimenti e le proprie emozioni né tantomeno bisogna nasconderli e vergognarsene.

Per un mondo davvero migliore: camminare con il povero

Abbiamo detto che non basta mettersi in cammino ma occorre «camminarsi dentro». Abbiamo detto, inoltre, che non basta, anzi è pericoloso, camminare da soli e solo per se stessi.

Ora aggiungo: per individuare il passo giusto, abbiamo bisogno di incontrare sulla nostra strada il povero e considerare attentamente il suo passo.

Chi è il povero?

Sicuramente ci vengono in mente diverse forme di privazione, alcune persino lesive della dignità umana. Ma la risposta che voglio dare alla domanda è un'altra: il povero è un maestro. Ovviamente, molto spesso lo è senza averne consapevolezza, ma questa sua condizione rende particolarmente preziosa la sua lezione.

Il povero è un essere umano come me. Un essere umano sottoposto a una prova, ma anche un essere il cui valore non si misura in cifre, in risorse, in potere, in influenza, ma nell'insopprimibile sacralità di essere... un essere umano.

Ci sono quindi cose che solo il povero vive con profondità. C'è una storia che il povero può raccontarmi che risveglia in me il ricordo della mia stessa, radicale, povertà, rendendomi vero.

Il povero mi spoglia.

Posso reagire alla sua povertà cercando di negarla, oppure di idealizzarla. Ovviamente cercherò di alleviarla con aiuti materiali e con una giusta lotta per una maggiore giustizia sociale. Ma se non accetto che la «missione» del povero è anzitutto quella di spogliarmi di me stesso, esattamente tanto quanto lui ha evidente bisogno di essere vestito, significa che non ho capito nulla.

Questa dinamica, che qui non ho spazio per approfondire (ce ne vorrebbe davvero molto), diventa particolarmente preziosa nel cammino educativo.

Se mi occupo di educazione in un contesto di povertà, per arricchire l'umanità di chi vive in questa condizione, corro certamente il rischio di assumere un atteggiamento paternalistico e assistenziale... come se il povero di cose e di opportunità fosse per ciò stesso anche privo di conoscenza, di sapienza, di verità e di bellezza.

Non è così.

Il nostro mondo, l'umanità intera, progredirà quando saprà mettersi al passo del povero. È il vero passo dell'Esodo: è per questo che il Signore, in quelle pagine, per liberare davvero il suo popolo non lo fa passare subito da un Paese ricco – dove è schiavo del sistema – a un altro Paese ricco, dove edificare un sistema analogo, con nuovi schiavi e altre vittime.

Il Signore conduce i suoi nel deserto, dove provano fame e sete, dove si scoprono affidati alla «legge» del giorno per giorno, dove si sopravvive solo se si condivide e l'esistenza di ognuno è preziosa quanto quella degli altri, dove per ciò che si possiede e di cui si vive si impara a ringraziare, dove imparare e ricordare è essenziale quanto mangiare.

Il povero deve darsi da fare, non può stare fermo, non può «dormire sugli allori», non conosce zone di comfort (o queste sono talmente fragili che è per lui più facile abbandonarle). Il ricco pratica l'arte dello sfruttamento dell'altro per aumentare il proprio patrimonio, il povero deve collaborare con altri poveri, quindi deve poter contare sulle loro autentiche risorse umane: fedeltà, pazienza, umiltà, verità di sé e dell'altro, capacità di ricordarsi i nomi delle persone e di godere di ciò che l'altro «è» più che di ciò che l'altro «ha».

Anche il povero, come ogni essere umano, ha bisogno di educazione, cioè di mettersi in cammino e di avere compagni di viaggio, ma si trova già in una condizione in cui può essere contemporaneamente educando e educatore.

Su questo, come su altri temi chiave, torneremo nelle prossime pagine.

ALCUNI PUNTI DI PARTENZA

Dire che l'educazione di se stessi e degli altri è il futuro è una verità che è urgente riaffermare, ma rischia anche di essere presa per un'ovvietà.

Conta molto, secondo me, precisare alcuni punti. Non li definirei «punti fermi», perché sono tutte attenzioni di cui abbiamo imparato il valore col tempo e a proposito delle quali vale quella «pedagogia del cammino» cui ho accennato sopra.

Sono piuttosto, direi, in parte dei «punti di partenza irrinunciabili» e, nello stesso tempo, degli «obiettivi irrinunciabili».

Per una vita che si lascia educare e che educa.

La sosta e l'ascolto

La sosta è innanzitutto riflessione: ci sono dei momenti in cui è necessario fermarsi a riflettere e non proiettarsi nel futuro in modo dispersivo, cogliendo l'occasione per rimandare qualsiasi confronto con la realtà e qualsiasi verifica.

Una seconda funzione della sosta è quella di fare silenzio per ascoltare: soprattutto quando ci si incontra per la prima volta.

È importante, nell'ascolto, prestare attenzione a quello che dicono gli altri, ma ancor più percepire ciò che sta accadendo in noi stessi, perché ogni incontro smuove qualcosa: preconcetti, conoscenze parziali, esperienze che ci vengono trasmesse da altri che hanno conosciuto quella realtà prima di noi e così via.

Fare silenzio e ascoltare è il punto di partenza, chi non è in grado di farlo non inizi neppure a educare, perché in questo caso viene meno la precondizione iniziale.

Fare silenzio non significa semplicemente non dire nulla, ma far crescere in sé un nuovo mondo per esplorarlo successivamente. Il silenzio prepara idee, voci, progetti, motivazioni, desideri, e noi dobbiamo ascoltare questa realtà nuova che si agita in noi. Non sempre siamo capaci di ascoltarci.

Una terza funzione della sosta è riscoprire in noi stessi delle dimensioni più autentiche, che sono presenti ma paralizzate, incapsulate, soffocate da altri contenuti.

La sosta, inoltre, permette di riconoscere, anche nelle situazioni di miseria e povertà, la ricchezza umana che in esse è comunque presente. Ci sono persone che lottano per sopravvivere, sia in contesti di degrado qui, vicino a noi, sia in Paesi poveri e lontani, ma è anche vero che è possibile trovare in esse delle ricchezze inimmaginabili. È essenziale che si sappiano cogliere anche le risorse di queste persone, anzi: che si cominci a lavorare insieme partendo proprio da lì, il che non significa assolutamente negare i loro problemi e difficoltà.

È sicuramente importante, come dicevo, essere erranti per raggiungere, nella nostra vita, una terra promessa, ma è altrettanto importante fare ogni tanto una sosta per riflettere: durante questo tempo prezioso non bisogna soffermarsi solo sul negativo o sul positivo della vita, o sulle miserie o grandezze dell'uomo, ma è necessario pensare all'umanità nella sua integrità e nella sua complessità.

La sosta, infine, ci libera dai nostri pregiudizi, che condizionano pensieri e azioni.

Il primo grande pregiudizio di cui dobbiamo liberarci è pensare di avvicinare una persona in difficoltà o di visitare Paesi poveri per assistere, per portare qualcosa, per dare una mossa, per rendere l'altro protagonista del proprio riscatto ma con un colpo di bacchetta magica che dipende solo da noi.

Uno dei peggiori pregiudizi è proprio quello di credere che noi, che riteniamo di essere persone realizzate, complete, equilibrate e istruite, e viviamo in una condizione di privilegio, abbiamo il compito di portare a chi soffre, a chi sta cercando la propria strada o a chi vive nei Paesi più poveri tutto ciò di cui ha bisogno, con la presunzione di sapere esattamente quello che deve essere fatto e come deve essere fatto. Questo pregiudizio è a-culturale: quando si ragiona in questo modo, si possono anche avere le migliori intenzioni, ma la cultura sparisce e l'intenzionalità educativa viene meno.

È fondamentale fare uno sforzo per abituare le persone a sostare, a spogliarsi di qualche cosa, a recuperare le dimensioni autentiche che ci sono in loro, per partire, viaggiare ed essere erranti con la massima disponibilità a vivere con persone con storie diverse dalla nostra e con gli abitanti reali dei luoghi che si visitano, non quelli che si sono immaginati.

Se vogliamo incontrare l'uomo autentico, dobbiamo partire dall'uomo così come è, senza fronzoli e aggettivi: un «protagonista di umanità», caratteristica essenziale che accomuna tutti gli uomini ma che ognuno vive a suo modo e con una originalità che non deve essere violata.

Riassumendo, per un servizio educativo autentico il punto di partenza è la sosta: un momento in cui ci si ferma, si fa silenzio, si presta attenzione a più fattori, si ascolta la voce che arriva dalle altre persone, dalle cose e dalle condizioni storiche dei luoghi che si visitano.

Il silenzio

Nelle esperienze «limite» si incontra questa dimensione, dove, apparentemente, non c'è nulla. Quando si è abituati al frastuono della città, alla frenesia del lavoro, dello studio, degli amici, e si viaggia per giorni a rotta di collo, a un certo punto ci si ferma e si entra in se stessi, scoprendo una dimensione di silenzio.

Questa dimensione del nostro essere ci costituisce. Il silenzio che a volte si scopre in se stessi è una sorpresa, una fonte di stupore e di conoscenza: sono tutte dimensioni che mettono in atto nuovi vissuti nella vita di chi le sperimenta.

Il silenzio che c'è dentro di noi non è nostro, ma è il silenzio dell'Essere. L'Essere, nel suo mistero, è sempre verità, nel senso che se lo incontriamo nel silenzio ha sempre la possibilità di comunicarci qualcosa.

La profondità dell'Essere è la forza che permette all'uomo di andare avanti, scuotendolo e inducendolo a pensare a nuove possibilità e a sperare.

Nei grandi recuperi educativi, anche quando l'educatore dà il massimo, se non c'è consapevolezza e presenza a se stesso del protagonista, cioè di colui che deve riprendere in mano e ricostruire la propria vita, lo sforzo rischia di essere inutile.

Invitare l'altro a cercare dentro di sé la profondità che gli dice cose nuove («vai avanti», «spera ancora», «la vita vale la pena di essere vissuta» ecc.) è fondamentale, altrimenti l'educatore rischia di essere una fonte di stimoli senza un vero interlocutore.

Anche quando si visita un Paese nuovo e si incontrano altre persone, che vivono una realtà diversa, bisogna mettere in conto che esse potrebbero sperimentare questa novità del proprio essere. Quando incontriamo persone che non conosciamo, ma che ci danno la percezione di essere in contatto con il loro silenzio interiore, l'interazione si rivela immediatamente promettente.

Il silenzio è una delle maggiori ricchezze dell'uomo. Proprio perché è così smisurato, non appartiene all'uomo stesso, ma piuttosto è vero il contrario: ciascuno di noi si sente avvolto dal silenzio.

In questa dimensione profonda, dicevo, è possibile incontrare una parte dell'Essere delle cose e delle persone che ci vengono incontro nel nostro cammino, perché non c'è dimensione dell'Essere che non sia, anche se solo in minima parte, portatrice di una certa verità.

Quando, grazie all'ascolto della nostra profondità, si è scoperta una cosa bella, è necessario, poi, esercitarsi su di essa. L'aver constatato una qualsiasi verità non è sufficiente, bisogna fare in modo che tale verità produca degli effetti tangibili nella vita quotidiana.

Quando si dice a un ragazzo: «Tu devi essere libero, responsabile, perché la libertà è un principio fondamentale della vita umana», sono tutte verità sacrosante, ma non è sufficiente enunciarle. È necessario metterle in pratica a partire dal profondo di noi stessi e solo così si può insegnare ai ragazzi come è possibile farlo e quali sono i benefici che se ne traggono.

C'è un'etica del silenzio. La dimensione profonda del silenzio deve essere ascoltata: è dovere morale cercare di darle compimento nei nostri atteggiamenti e nelle nostre scelte.

Questa dimensione del silenzio rappresenta il punto più alto dell'intenzionalità dell'uomo e coincide con il suo desiderio di sentirsi realizzato.

Come dicevo all'inizio, l'uomo non è una realtà statica, ma è in un esodo costante, quindi quando si muove verso il prossimo a partire da una dimensione di silenzio interiore, l'ascolto degli altri e l'ascolto di se stessi rappresenta una leva potentissima di coscientizzazione e di rinnovamento di ogni situazione e di ogni contesto.

Quante volte si ripete con stupore e gratitudine la frase: «Questo viaggio mi ha cambiato!». Il punto è che non è sufficiente fermarsi a questa affermazione di principio, ma è necessario fare ogni cosa in modo tale che il cambiamento innescato continui a evolvere, influenzando anche il modo in cui ci si rapporta alle persone che si hanno accanto e alle situazioni della vita quotidiana.

Quando l'uomo va alla ricerca del proprio silenzio, o è scosso da esso (perché forse è troppo tempo che non lo ascolta), fa esperienza di due abissi contrapposti:

l'abisso che è dentro di lui e quello che è fuori di lui (rappresentato dal mondo circostante). L'abisso è qualcosa di profondissimo, del quale quasi non si vede la fine. L'uomo, però, ha bisogno di prendere contatto con questo fondo. Se ciò non accade, allora se lo inventa, lo elabora a partire da esperienze e conoscenze parziali, o addirittura sbagliate, a volte persino devianti.

L'idea dell'abisso è molto intensa, in quanto racchiude l'immagine di una grandezza infinita nell'uomo e, nello stesso tempo, di una sfida. Se ciascun individuo riconosce in se stesso questa potenzialità, deve vederla, o quantomeno prevederla, anche negli altri.

Quando si dice che «la povertà è un'arte» si fa riferimento proprio a questa potenzialità umana: le persone che vivono in condizioni estreme, di crisi, di smarrimento, di incertezza, di senso di colpa, di povertà ed emarginazione, riescono, proprio grazie a questa potenziale grandezza infinita, a trovare sempre una leva per ricominciare, per non abbattersi e andare avanti.

Al di là delle situazioni limite, anche nella vita quotidiana ci si può rendere conto che tutti, proprio in un momento di povertà (economica, psicologica, morale o spirituale), possono trovare in se stessi il silenzio particolare che si trasforma in spinta, in desiderio, speranza, progetto.

Oltre all'abisso esistente dentro ogni individuo, come ho detto, ne esiste anche uno esterno, nel quale si entra con molto timore. Questo abisso sono gli Altri. Tutto ciò che è esterno all'individuo ha un senso, un significato e un valore che dobbiamo ancora scoprire e che una viva diversità custodisce dalle nostre pretese e dal nostro istintivo desiderio di dominio.

L'uomo vive tra questi due abissi e si deve rendere conto che non può arrivare dovunque e non può risolvere tutti i problemi: quando, per esempio, una persona parte per una missione umanitaria deve sicuramente sperare di portare un granello di positività e di sviluppo, e deve trovare in questa fiducia un motivo di gioia, però deve anche essere cosciente del fatto che ciò che fa è sicuramente utile e positivo, ma non è risolutivo. Certe situazioni drammatiche non possono essere risolte (quantomeno non è possibile farlo in breve tempo), ma si può cercare di migliorarle e di fare in modo che l'esistenza delle persone coinvolte diventi un po' più sopportabile.

Quando si contribuisce a dare un po' di felicità e di benessere a qualcun altro è come se si unissero l'abisso esistente dentro la persona e quello fuori, ricomponendo così una realtà frammentata.

La vita dell'uomo è contraddistinta da un movimento continuo di andata e ritorno, di allontanamento e di avvicinamento.

In questo modo l'abisso che c'è al di fuori si riempie di significato, e di conseguenza anche l'abisso che è dentro assume un significato nuovo, contribuendo a una crescita personale e a un cambiamento interiore.

Educare mediante la contemplazione

Contemplare significa vedere e valutare le cose e gli eventi da un punto di vista più alto, e con un'ampiezza che abbracci sempre più persone. L'educatore consapevole viaggia dentro la propria interiorità, la quale lo proietta verso l'Altro e verso un fine da realizzare. L'uomo, però, non è solo intenzionalità, ma anche distensione, nel senso che si distende nel tempo, nella storia, nei fatti quotidiani, soprattutto negli incontri, nella prossimità e quindi nelle esperienze educative e culturali.

La curiosità e lo stupore li troviamo in queste due dimensioni (intenzionalità, distensione), che, in realtà, sono un unico atteggiamento: l'uomo che vede, ascolta il mondo e, immediatamente, progetta qualcosa.

La contemplazione dell'educatore, che porta a considerare le cose da un punto di vista più alto, ci riempie così tanto che, a un certo punto, deborda, nel senso che siamo pervasi dalla volontà di fare e dalla voglia di educare.

Educare mediante la contemplazione significa, in primo luogo, avere fiducia verso tutto e tutti: quindi essere disponibili nei confronti degli altri, nel donare, nel ricevere e nel restituire.

Pur essendo vero l'assunto secondo cui bisogna essere disponibili verso tutti, è anche vero che l'educatore ha il compito di mirare a «ciascuno», mettendo in atto una progettazione personalizzante, più che personalizzata.

Una progettazione personalizzante è un intervento che mette in moto la personalità del soggetto, che si inserisce come attore protagonista; è importante che l'educatore (mentre è contemporaneamente disponibile verso tutti e concentrato su ciascuno) sia in grado di coinvolgere e sollecitare le persone con cui ha a che fare.

In secondo luogo, educare mediante la contemplazione significa vedere e ascoltare in profondità il mistero dell'Altro.

Voler penetrare nel mistero significa avere la volontà di arrivare all'origine delle cose. Quando si fa una bella esperienza, quando avviene davvero un incontro, dobbiamo fare luce sul mistero di tale evento, scoprire che cosa c'è alla sua origine e ciò che scopriamo non è mai nostro. Esso, infatti, va al di là della nostra misera persona, anche se scopriamo che ci costituisce e che è qualcosa di comune tra noi e gli altri. Il mistero è l'Essere che si apre a noi.

L'obiettivo dell'educazione è vedere in profondità il mistero dell'Altro e mettersi al servizio della sua realizzazione: l'Altro elabora, mentre viviamo con lui, una nuova filosofia di vita.

Si tratta di un camminare reciproco in un mistero in cui il linguaggio e la parola emergono nella loro importanza, perché il mistero è sempre ricco di simboli e simbolizzazioni: generalmente, dal silenzio del mistero hanno origine nuovi pensieri e nuove parole, grazie ai quali comunichiamo e interagiamo meglio, diamo profondità ai nostri discorsi.

In terzo luogo, educare mediante la contemplazione significa assumere l'atteggiamento della pazienza, dell'attesa e della speranza.

La prima è qualcosa che l'educatore deve costruire con l'esercizio, con un gioco paziente (Rousseau diceva: «La prima regola dell'educazione è quella di perdere tempo per guadagnarne»).

Essere pazienti significa camminare, rischiare e soffrire insieme all'Altro, nella prospettiva di qualcosa che ha un senso per noi. Noi camminiamo nella direzione di questo senso: vogliamo percorrere una strada attratti da una prospettiva promettente, anche se non sappiamo ancora esattamente cosa ci sia al termine di essa.

Quindi, mentre camminiamo, elaboriamo, interpretiamo e progettiamo, e in tutto ciò la pazienza ci aiuta a comprendere sempre meglio il fine del nostro cammino.

L'attesa è molto importante: dove si pensa di poter andare e come si pensa di poter esercitare la pazienza se non si è capaci di attendere?

Per l'educatore è importante attendere quei significati, quelle parole, quelle esperienze che lo trasformano e arricchiscono nella sua interiorità.

Attendere da qualcosa a qualcosa.

L'attesa è un rinnovarsi, un risorgere, un rinascere (risorgere e rinascere sono, ancora oggi, significati profondi dell'educazione).

L'attesa, però, è anche percezione, a volte persino dolorosa, di ciò che manca. Una radice, magari piccola, ma reale, di ciò che manca è già presente nell'educatore e nell'educando e il percorso che compiono insieme dà nutrimento, luce, ossigeno e spazio a questa radice.

L'attesa è un momento di ricostruzione formidabile: è qui che io costruisco un linguaggio per ripartire, errare, incontrare gli altri e progettare.

Questa attesa si carica di speranza.

La speranza educativa è che il nostro progetto si riempia sempre più di significati, di interazioni, di aiuto agli altri, per cui siamo portati a dire, nonostante le difficoltà che si incontrano, «vale la pena di andare avanti».

L'educatore è colui che si esercita perché nel suo cammino con gli altri la speranza venga lentamente e concretamente costruita, passo dopo passo: non basta dire «tu devi sperare», la speranza va costruita nel cammino educativo come qualche cosa che ci nutre costantemente. La speranza non è solo espressione di desiderio, ma è il continuo nutrirsi di qualcosa di simbolico, di metaforico, di concreto, e sempre qualcosa di ontologico e necessario.

Quindi, come ho detto più volte, è fondamentale esercitarsi: la speranza e la responsabilità vanno costruite (non è sufficiente definirle) mattone su mattone, parola dopo parola, conflitto dopo conflitto.

La speranza è un orizzonte che costantemente ci attira, che è già in noi: va costruita in noi, con gli altri e per gli altri.

Educare mediante la contemplazione, inoltre, significa non fermarsi davanti al fallimento e alla crisi: bisogna perseverare coltivando ed esercitando la responsabilità.

Il ruolo del fallimento

L'educatore sarebbe sciocco, se non addirittura cieco, se credesse di educare senza provare mai il senso di fallimento, che però non deve diventare una filosofia: infatti, l'educatore può, a volte, percepire l'inutilità di ciò che fa, può avvertire, per esempio, la difficoltà, la frustrazione, la crisi di una interazione con gli altri macchiata di incomprensioni, ma non deve cadere nell'isolamento, inevitabile quando tutto questo viene vissuto come se riguardasse e dipendesse solo dalla propria persona e da «ideali» che reggono, si affermano e sono fecondi unicamente se si riesce a realizzarli da soli.

L'educatore deve tener fermo il proprio credo pedagogico, la propria teoria dell'educazione: ciascuno di noi ha una propria teoria dell'educazione, che si è costruita nel tempo (studiando, seguendo corsi, accumulando esperienze e così via), che costantemente si modifica, ma di cui permane in noi il nucleo centrale.

Ognuno, nella propria interiorità, grazie all'esercizio e al superare parziali punti di vista, si è costruito nel tempo una propria identità pedagogica, che prende il nome di competenza, conoscenza, abilità, sensibilità ecc.: questa identità educativa si può modificare nel tempo, ma rimane sempre il suo nucleo centrale, che è apertura e non chiusura, responsabilità e non anarchia, è volere costantemente esercitarsi e non cadere nella passività, nell'inerzia, nella ripetitività.

Senza esagerare si può dire che il fallimento e la crisi sono un po' la molla dell'educazione, della nostra formazione e della nostra erranza educativa: il fallimento totale e la crisi assoluta non esistono; ci sono solo crisi temporanee, sensazioni di fallimento, percezioni che qualcosa non va (che, in realtà, sono sempre sensazioni e percezioni culturali), che, in generale, sono pseudo-crisi e pseudo-fallimenti sul piano psicologico.

Il peggior fallimento è quello di colui che non si esercita a sufficienza per cogliere il vero senso dell'educazione: avere a disposizione uno strumento straordinario per dare qualcosa agli altri, ma, soprattutto, per dare qualcosa a se stessi.

Occorre perseverare, avere pazienza e costanza, trovare un ordine in noi stessi e nella realtà in cui viviamo: ordine nel senso di predisporre le cose verso quel fine che per noi e per gli altri rappresenta senso (educare, errare ecc.), ma anche ordine, perché detta le gerarchie e le priorità.

Le istituzioni, il servizio e la testimonianza

Al primo posto della nostra gerarchia valoriale ci deve essere sempre la persona, e solo dopo le cose. Tra le cose, soprattutto nella società odierna, sono comprese le istituzioni, che non vanno mai trascurate, in quanto rappresentano la base e la struttura che conservano e assicurano la persistenza del nostro impegno e lo sottraggono al variare degli umori, delle certezze e delle energie personali.

L'istituzione è giustizia, e la giustizia va costruita. Forse è quella che, da un punto di vista educativo, può essere costruita più facilmente di altre, perché ogni atto di giustizia determina misure, investimenti, atti dovuti a proposito dei quali non è più necessaria la ricerca, il dibattito, la decisione, ma semmai la verifica, la conferma e, al giusto ritmo, il cambiamento.

L'istituzione di cui facciamo parte e che è al servizio del nostro stesso impegno sostiene l'educare mediante la contemplazione anche nel senso di aiutarci a non coltivare dannose aspirazioni individuali.

È importante ascoltare il richiamo veritativo all'autotrascendenza: tutti siamo tentati, ogni giorno, di assumere il nostro Io come punto di riferimento, come luogo della verità valida per tutti. In particolare, ci sono delle situazioni (quando si fa lezione, o si scrive, o si comunica in qualsiasi forma) in cui si sperimenta una sensazione di onnipotenza. Si tratta di un'aspirazione normalissima, ma bisogna stare attenti che ciò non accada troppo spesso e che sfugga al controllo durante le interazioni educative.

Questa aspirazione individuale non è negativa di per sé, purché si trasformi in motivazione intrinseca ad autoanalizzarsi e a individuare, nella nostra analisi, i punti critici e i talenti che portano davvero a spendersi per gli altri.

Con un'apparente semplificazione possiamo dire che è importante avere la sensazione di «essere bravi», ma è altrettanto importante che la propria competenza, conoscenza e abilità vengano restituite agli altri sotto forma di educazione: quando si è troppo presi da se stessi ci si esalta troppo, mentre è necessario utilizzare la propria bravura per comprendere cosa sia veramente importante e cosa, al contrario, rappresenta una zavorra. E dopo aver fatto ciò, occorre riprendere a restituire tutto agli altri, senza interessi, sotto forma di un'educazione reale e concreta, finalizzata al bene di tutti.

Ogni uomo è una piccola verità e, con le sue miserie e le sue grandezze, può diventare, a un certo punto, un faro di luce per gli altri: quando ciò accade, quando il fascio di luce rischiara e orienta il cammino degli altri, quando l'individuo è in grado di auto-trascendersi e di farsi piccolo, questo è il momento in cui per gli altri diventa grande.

San Tommaso d'Aquino sosteneva che il *magister* che si è fatto *minister* ritorna a essere un grande maestro. Questo significa che il maestro (*magister*), colui che ha maggiore esperienza, che sa di più, deve diventare, per i suoi allievi, alunni e studenti, e per tutti i compagni di strada, un ministro (nel senso di testimone e servitore). Il che non significa adattarsi a chiunque e rinunciare a se stessi, ma vuol dire, di nuovo, saperli osservare, ascoltare, accogliere, arrivando a comprendere quale sia la loro condizione e a trasmettere loro il messaggio che interessa ciascuno di loro (e non è, a quel punto, una causa che sta a cuore solo a me stesso).

Più che essere educatori o maestri, noi siamo testimoni: il *magister*, quando si auto-trascende e vede la sua piccolezza di uomo a fianco di altri uomini, vede anche che la sua azione produce degli effetti e si mette al servizio dello sviluppo di questi effetti. Allora smette di essere maestro e diventa testimone di vita. È in questo momento che l'alunno si identifica con lui.

Il contagio della continuità e della creatività

Educare mediante la contemplazione significa anche essere in grado di contagiare gli altri. L'educatore deve contagiare stimolando in chi ha di fronte le identificazioni con ideali positivi e le contro-identificazioni con fattori di resistenza al cambiamento.

Il contagio presuppone un cammino difficile e conflittuale.

Il buon educatore fa entrare nel proprio cantiere gli altri e li fa lavorare sulla legge dell'esercizio funzionale: in questo cantiere, però, non è sufficiente dare l'esempio, perché esso è occasionale, è necessario che l'educatore sia un leader capace di continuità.

La testimonianza nell'esercizio quotidiano deve essere creativa: l'educatore deve essere un po' un artista, deve saper trovare tutti i giorni qualcosa di nuovo con cui coinvolgere gli altri e attrarre la loro attenzione.

L'educatore, inoltre, si impegna, mentre contagia tutti, a dare a ciascuno un motivo particolare: l'educatore, infatti, è colui che sa arrivare con le parole direttamente a una persona, pur non rivolgendosi direttamente a lei. In questo caso, a un certo punto l'altro capisce di essere il destinatario delle parole dell'educatore e si sente «contagiato» (nel senso positivo del termine) e, diciamo così, tanto «ammalato» da non riuscire più a fare a meno del maestro e di ciò che lui gli dà e gli dice.

In questo servizio, l'educazione è comunque il contrario del livellamento, dell'appiattimento, del menefreghismo nei confronti delle esigenze dei più bisognosi.

A volte, furbescamente o ingenuamente, l'educatore afferma: «Per me i ragazzi sono tutti uguali». Ovviamente si tratta di un'ovvietà, che ha i suoi elementi di valore, ma poi ci deve essere una progettazione, un'attenzione e un'intenzionalità personalizzanti, perché i valori di fondo di un educatore sono la solidarietà, la sussidiarietà, la giustizia e la responsabilità, che devono essere realizzati già nell'interazione educativa a misura della persona e non di un modello.

L'incontro

Nella società odierna si dedica poco spazio all'incontro, o meglio, si tende a piegarlo a una logica di dominio, di obbedienza e di consumo: tutte dinamiche entro le quali cerchiamo, a volte inconsapevolmente, di portare l'altro su posizioni nostre, invece che farlo crescere.

Parlando di incontro, quindi, bisognerebbe partire da una concezione diversa dell'uomo: sarebbe necessario cercare di comprendere cosa caratterizza realmente l'essere umano, e capire se l'uomo effettivamente può realizzarsi nella logica del potere e dell'obbedienza.

La prima caratteristica dell'essere umano, quella che lo definisce in tutto e per tutto, è la sana «dialettica tra relazione e originalità».

Fin dalle sue origini, l'uomo nasce dipendendo da altri ed è fondamentale non dimenticare mai questa dipendenza originaria (viene definita la «parabola della filiazione»).

Spesso capita che un individuo viva tutta la vita senza ricordare che è nato da altre persone e che, nella prima parte della sua vita, è dipeso completamente da loro: non è una questione di semplice dipendenza fisica (che comunque in qualche misura è sempre presente), ma si tratta di una dipendenza affettivo-relazionale.

La relazione rappresenta un vincolo e nella società attuale i vincoli fanno paura, perché rendono responsabili gli uni degli altri. In quest'ottica, per esempio, il divenire genitori non ha a che fare solo con il momento del parto, ma riguarda la dimensione spirituale e educativa della maternità/paternità: se non si riconosce il fatto che, quando si è nati, qualcuno si è preso cura di noi, come è possibile riuscire a farsi carico con equilibrio di noi stessi e di un altro individuo?

L'uomo vive in un contesto di coesistenza, nasce, cresce e vive in un ambiente sociale con altre persone ed è fondamentale che non scappi da queste relazioni: gli individui non devono sottrarsi ai rapporti profondi con gli altri, la convivenza deve essere totale, non deve limitarsi a un mero sfruttamento di ciò che l'Altro può darci.

Oggi vivere insieme agli altri significa affrontare vulnerabilità sempre maggiori, e continuare a credere nella logica dell'autonomia, dell'efficienza, del potere di generarsi da soli non fa altro che aumentare le vulnerabilità nascoste. Attualmente gli uomini devono affrontare una serie di debolezze che si esprimono con molteplici dipendenze, non più solo da alcol e sostanze stupefacenti, ma da situazioni, persone, obiettivi, ambizioni, visioni di sé e così via.

Alle prese con questi limiti, non si è più in grado di gestirsi in una logica comune, ma ognuno, in qualche modo, salva se stesso (in una vera e propria lotta per la sopravvivenza): non esistono più le famiglie e le comunità in grado di seguire i bambini durante la loro crescita, gli adulti nelle loro problematiche, l'anziano non più autosufficiente ecc.

Alla luce della visione dell'uomo come essere originale ma nello stesso tempo capace di relazione, è importante cercare di definire che cosa è un «incontro».

Il primo passo da fare per riuscire a definire il concetto è individuare che cosa un incontro non è: due bocce che si scontrano, due animali che si azzuffano, un ramo di vischio che cade sulla corteccia non sono esempi di incontro, ma di forza di una legge naturale, organica. Perché si possa parlare di incontro è necessario che sia coinvolto l'uomo con la sua consapevolezza.

Non solo: perché si possa parlare di incontro è fondamentale che ci sia la libertà di scelta (scelta di entrare in contatto con una seconda persona e quindi investimento di sé in questo evento).

Entrare in contatto con un'altra persona significa scegliere di lasciarsi toccare da essa, di permetterle, con la sua presenza, di interrogarci, di accettare di confrontarsi con un orizzonte di significati diverso dal proprio (l'Altro può essere diverso da noi, avere un altro carattere, altri ritmi, un'altra cultura, un'altra religione, un'altra etnia ecc.) e, di conseguenza, accettare di mettersi in discussione.

Perché un incontro possa dirsi autentico è necessario che coloro che sono coinvolti non abbiano paura di esporsi completamente, mettendo in luce anche le proprie fragilità. In secondo luogo, è importante che l'incontro non si limiti a un solo momento: incontrare un'altra persona significa farla entrare nella propria vita e ciò rappresenta un impegno costante, che non si esaurisce in una interazione passeggera, anche se intensa.

Una volta che si è riusciti a dare una definizione di «incontro autentico» è importante individuare le cause che lo impediscono.

La prima va ricercata nello stile di vita adottato dalla società attuale: oggi la vita quotidiana è tanto frenetica da spingere all'indifferenza, sia nei confronti dell'originalità e della ricchezza dell'altro, sia nei confronti delle sue difficoltà e delle sue sofferenze.

Un'altra componente che impedisce l'incontro è l'abitudine: fare sempre le stesse cose, vedere sempre le stesse persone porta a evitare nuovi incontri per non mettere in discussione la propria routine.

Un terzo impedimento è la presunzione di sapere tutto degli altri, senza nemmeno parlarci. Spesso si fa un'anamnesi dettagliata di chi si ha di fronte e, in base a essa, si decide qual è il suo problema, oppure quanto può esserci utile, il tutto senza nemmeno permettere all'Altro di parlare di sé, dimenticandosi che c'è differenza tra un «caso clinico» e l'aspetto umano ed esistenziale. L'analisi del caso clinico può andare bene in medicina, dove si deve affrontare la malattia, ma quando si tratta di ricchezze o fragilità esistenziali non si hanno davanti sintomi e malattie, bensì persone reali, forti o deboli, che hanno in ogni caso un estremo bisogno di essere ascoltate.

Perché un incontro possa avvenire, è necessario che siano presenti gli aspetti della reciprocità, della gratuità e del dono.

Si ha un incontro quando da tutto ciò che circonda uno sconosciuto e lo identifica emerge una persona, che smette di essere una parte del tutto e comincia a essere unica e originale. In quel momento l'Altro diventa oggetto di attenzione, di cura, di premura. Ciò accade non perché abbia compiuto un'azione straordinaria, ma perché è riuscito a esprimersi e a essere ascoltato da noi, situazione che gli permette di sentirsi a proprio agio e quindi non solo di «dire se stesso», ma anche di cercare in se stesso il meglio che ha da dire o ciò che è davvero importante (fatiche e dolori compresi, se è il caso).

Per incontrare l'Altro è necessario mettersi in discussione attraverso la logica dell'uomo capace nello stesso tempo di fedeltà a se stesso e di relazione.

L'incontro autentico non avviene per necessità, ma perché una persona decide, gratuitamente, di prendersi cura di un'altra persona e lo fa aprendo gli occhi e il cuore. In un incontro autentico non è sufficiente cercare di comprendere le idee dell'Altro, ma bisogna permettergli di entrare e di incontrare realmente anche (e in fondo prima di tutto) la propria parte affettiva ed emotiva.

Il rischio che si corre lasciandosi toccare nella propria parte emotiva e affettiva è di fondersi con l'Altro, non riuscendo più a distinguere se stessi dall'altra persona. Per evitare che ciò accada, è importante tenere ben presenti due aspetti importanti: l'affinità, da tenere sempre in relazione con la singolarità dell'Altro, e il rispetto della sua dignità.

Pur essendo vero che ci si sente affini e prossimi all'Altro è anche vero che la prossimità è una vicinanza che non deve sovrastare o portare a sovrapporsi all'Altro o a cercare di sostituirlo. Prossimità significa sentirsi vicini all'Altro, ma cercando con lui le risorse e le ricchezze che ha dentro di sé, utili per affrontare ogni situazione.

Se ci fondiamo con l'Altro, il suo problema diventa il nostro, ma questo non deve avvenire mai a scapito della sua dignità. Fare un discorso che contempli contemporaneamente affinità e distinzione significa vedere l'Altro come portatore di una dignità personale che non può essere trascurata. Solo attribuendo all'altro uguale dignità si costituisce una relazione alla pari tale che la diversità dell'altro si configuri come elemento di arricchimento.

Il secondo aspetto è che rispettare la dignità dell'Altro vuol dire anche non considerarlo la somma dei suoi problemi, che sarebbero il motivo della nostra cura per lui e ci spingerebbero a pensare che non possa fare nulla a partire da se stesso.

La persona trascende i suoi problemi. Rispettare la dignità dell'Altro vuol dire aiutarlo a comprendere che dentro di sé ha una serie di risorse e ricchezze che vanno ben al di là delle sue difficoltà e che potrebbero rappresentare un'opportunità di riscatto da qualsiasi problematica.

L'educazione itinerante (educazione che sta a fianco nel cammino) chiede alla pedagogia di ampliare le proprie prospettive e di concepire altri confini (uscendo dalla concezione scolastica): l'incontro educativo si propone diversi fini e sviluppa diversi metodi, non essendo possibile creare una sola pedagogia per ognuna delle vulnerabilità che si incontrano nella vita.

Gli scopi dell'incontro educativo sono:

- promuovere nell'Altro la nostalgia dell'educazione: è necessario operare per aiutare l'Altro a rendersi conto che è in grado di tirare fuori da sé qualcosa di buono. Nessuno può togliere a un'altra persona la propria libertà e dignità, ma spesso può accadere che un individuo sia messo in condizioni tali da non poterle esercitare pienamente: il lavoro educativo ha lo scopo di stimolare l'Altro a ricominciare a puntare su se stesso;

- promuovere l'Altro: attraverso il lavoro educativo, l'educando deve poter imparare a promuoversi, andando oltre alla situazione problematica in cui vive e trovando lui stesso i metodi per farlo.

L'incontro come capacità di umiltà e rispetto di un contesto

Nella dimensione educativa dell'incontro c'è, innanzitutto, la capacità di rivolgersi all'Altro, cioè la capacità di farlo uscire dall'anonimato, di dare senso alla sua presenza nel mondo come singolarità. Questo comporta anche un atteggiamento personale di umiltà, in quanto si riconoscono come protagonisti non solo se stessi, ma anche l'Altro.

L'umiltà non è tanto l'atteggiamento in base al quale si pone qualcuno al di sopra di se stessi, ma è la capacità di saper abbinare al ruolo di conduttore, di responsabile e di accompagnatore quello del «servo»: nonostante il ruolo, per certi aspetti preminente, di chi ha qualcosa da trasmettere e molti aspetti da stimolare nell'Altro, nella relazione si ha anche il compito di servire, accogliere, valorizzare. Ciò fa sì che la propria posizione sia «umile».

Il ruolo dell'educatore è anche quello di essere portatore di una ricchezza, di un'umanità e di doni che coinvolgano il desiderio di colmare le proprie e altrui povertà: questo è possibile anche grazie alla prossimità.

La prossimità è la capacità di riconoscersi vicino all'Altro, ma allo stesso tempo è la consapevolezza che l'Altro è altro da sé e parte di sé, in quanto si trovano nella sua esistenza delle dimensioni comuni alle proprie.

La prossimità affonda nella certezza di una comune umanità. Tale consapevolezza è particolarmente importante quando si interagisce con culture profondamente diverse dalla propria: infatti, sapere di collocarsi in una comune umanità dà garanzia rispetto al fatto che la comprensione è possibile, nonostante tutte le differenze, anche quelle apparentemente insanabili.

L'incontro che si realizza con l'Altro non è una dimensione che coinvolge solo due persone, ma si colloca in un contesto sociale. Di conseguenza è necessario considerare anche le variabili del contesto, che non dipendono solo dalle due persone direttamente coinvolte nell'incontro.

La dimensione del contesto o delle istituzioni è ciò che introduce la complessità nella relazione tra due persone: la complessità può rappresentare un elemento di disturbo, per esempio nei contesti problematici che inibiscono le condizioni necessarie al buon esito della relazione, ma può anche rappresentare una ricchezza, perché a volte fornisce strumenti utili per agire, per collocare la propria relazione e il proprio lavoro in una data realtà.

Quindi, per progettare un futuro di autonomia l'educatore deve prendere in considerazione le caratteristiche del contesto, avendo sempre presente il fatto che, una volta che lui si ritirerà dalla relazione, l'educando dovrà continuare a vivere in quel contesto e, di conseguenza, dovranno essergli forniti tutti gli strumenti necessari per muoversi autonomamente in esso.

Prendere in considerazione il contesto significa, quando possibile, modificare o valorizzare le istituzioni presenti sul territorio e le relazioni di base (sia primarie che secondarie) che il soggetto intrattiene con gli altri.

L'incontro come dialogo e dono

Nella sua complessità, esistono altre due dimensioni importanti dell'incontro: il dialogo e il dono.

Dialogare vuole dire scambiare con altri dei significati, non solo attraverso il canale verbale: il dialogo, infatti, è costituito da tante dimensioni differenti e tutte possono contribuire allo scambio tra soggetti.

La prima e fondamentale dimensione è la tenerezza: per condividere con l'Altro la profondità della propria persona, è necessario essere teneri, nel senso di essere permeabili, cioè di permettere a ciò che dice ed è l'Altro di entrare nel profondo.

Una seconda dimensione è l'intelligenza relazionale. Essa permette, da un lato, di attivare l'Altro nella relazione, facendo emergere delle risorse che, come singolo, non utilizza e di cui non è completamente consapevole; dall'altro lato, ha la funzione di costruire dei significati nuovi, che non appartengono a nessuno dei soggetti che intervengono, ma sono generati dalla relazione stessa.

Una terza dimensione del dialogo è l'amore: questa dinamica è trasversale. È sempre presente nelle relazioni personali, sia individuali che di comunità, ma non è necessariamente presente in tutti i tipi di relazione (per esempio, non è detto che sia presente nelle relazioni economiche e materiali).

Una componente della dimensione dell'amore è il silenzio, dietro al quale emerge sempre come tema di fondo la questione del «mi vuoi bene»: non solo in senso affettivo, ma anche in termini di capacità di vedere insieme la stessa verità, che accomuna sulla stessa strada e in un unico percorso. In quest'ottica, significa, quindi, riconoscere e desiderare insieme lo stesso bene, che può essere comune alle due persone, ma anche al contesto. Quindi, «voler bene» all'Altro vuol dire anche saper vedere il bene del contesto in cui l'Altro vive, o il bene dell'Altro in quel contesto (ciò permette di non avere delle visioni sradicate da un dato ambiente).

La responsabilità nei confronti di ciò che si vuole costruire insieme prende avvio dalla prossimità.

La responsabilità nasce da una forma matura di identità personale, che richiama anche la capacità di essere coerenti e di tener fede, attraverso il proprio comportamento, alle proprie parole e ai propri principi e valori:

questa è l'espressione della permanenza di un'identità matura, per cui il punto focale non è dato dal rimanere sempre uguali nel tempo, ma dalla permanenza etica, ossia dalla capacità di far ruotare la propria vita (la quale subisce dei cambiamenti nel corso del tempo) intorno alla gerarchia dei propri valori, che garantisce la costanza etica, che è quella sulla quale possono contare le persone con cui interagiamo.

La permanenza etica presuppone che anche la comunicazione sia autentica, quindi che le proprie parole abbiano un fondamento, siano credibili e meritevoli della fiducia altrui.

Attraverso la responsabilità e un dialogo comune è possibile vivere una progressiva umanizzazione, ossia una moltiplicazione delle forze spirituali grazie alle quali una persona procede, anche da sola, verso il nucleo della propria vita.

La parola, il dialogo e il rapporto educativo nella responsabilità sono sempre bidirezionali, nel senso che sono rivolti contemporaneamente all'educatore e all'Altro, in un processo che fa sì che ognuno avanzi verso il nucleo della propria vita, pur camminando insieme.

Il primo riscontro di responsabilità nei confronti dell'Altro è dato dal proprio essere sensibili e capaci di cura nei confronti dell'altro: il volto infatti è la sintesi degli imperativi etici di una persona, perché è espressivo, è significativo, è il nucleo dell'immediatezza con cui la persona si manifesta.

Secondo il filosofo francese Lévinas, è come se il volto di una persona esprimesse in sé l'affermazione «non uccidere»: questo non è un imperativo ontologico, che dovrebbe ancora essere scoperto, dimostrato e affermato, ma è un immediato imperativo etico.

La tenerezza e la misericordia

L'educazione non è un'attività naturale (altrimenti non sarebbe necessaria la formazione), ma è un'attività intenzionale, che deve maturare sulle competenze e sull'intenzione educativa. È anche vero che tale intenzionalità dell'educatore si radica in un dato originario, in un «noi» naturale e progettuale.

L'attività educativa che fa leva sulla resilienza non è finalizzata all'eliminazione della vulnerabilità ontologica, ma all'utilizzo di tale vulnerabilità come risorsa per affrontare insieme i traumi della vita.

In tal senso, la vulnerabilità richiama la virtù della «tenerezza»: una persona vulnerabile è anche una persona tenera, che si lascia raggiungere e attraversare dai sentimenti, dagli stimoli, dalle esperienze, da una parola ecc.

La resilienza non equivale alla «durezza». Una persona resiliente non è una persona «forte» che non si lascia attraversare da ciò che la circonda, ma è una persona che, anche grazie alla capacità di lasciarsi toccare, è in grado di camminare con gli altri.

Pur essendo tenero, per un educatore essere resilienti significa non perdere la propria intenzionalità educativa di fronte agli ostacoli: la tenerezza è fondamentale per essere in grado di accogliere gli altri in maniera autentica e di occuparsi di loro, ma non va confusa con l'irresolutezza o con l'indolenza.

Nella ricerca di questo equilibrio, un modello con cui confrontarsi è la tradizione religiosa di Dio, che è tenerezza e compassione senza che si perda in alcun modo la propria responsabile paternità nei confronti del suo popolo e dell'intera umanità. La sofferenza della fragilità è un appello alla tenerezza responsabile dell'educatore, così come suscita la misericordia di Dio. La nudità dell'uomo di fronte a Dio rappresenta il riconoscimento di una povertà essenziale: quando si è davanti a Dio si è nudi e poveri, ma amati con grande energia.

Nella tradizione ebraico-cristiana esiste anche l'annuncio della «vulnerabilità di Dio», che nasce dalla sua sensibilità al dolore umano.

La vulnerabilità è una risorsa dell'incontro ed è una categoria educativa positiva: se la sofferenza mette a nudo l'uomo, che invoca e si rivolge agli altri uomini e alla compassione di Dio (che si dona e accoglie gratuitamente), l'incontro con l'Altro nella comune apertura dell'avvento di Dio può avvenire solo in un atteggiamento di spogliazione interiore, cioè un incontro nella dimensione spirituale essenziale. Se è vero che nel volto del sofferente anche Dio si fa presente, allora l'impegno educativo deve essere rivolto all'affamato, allo straniero, al carcerato, al malato, all'emarginato, al perseguitato ecc., perché con questa prospettiva non si cerca un rimedio soprannaturale alla sofferenza, ma un suo impiego soprannaturale (anche Dio ha utilizzato questo strumento per entrare in contatto con l'uomo).

Conferme autorevoli

Quando io e i miei collaboratori, alla luce delle nostre esperienze di accoglienza e di servizio educativo, abbiamo cominciato a mettere a fuoco il punto di vista sull'umano di cui sto parlando in queste pagine, la vita ci ha fatto il grande regalo di farci incontrare dei compagni di viaggio interessati, nell'ambito dei loro impegni, a riflettere su un progetto di itineranza esistenziale e educativa.

Tra questi, un posto speciale è occupato dal professor Giuseppe Vico, dell'Università Cattolica di Milano, ispiratore e motore dell'iniziativa educativa di cui parlerò nei prossimi capitoli, che purtroppo ci ha lasciati alcuni anni fa.

Ecco alcune sue parole espresse durante i suoi corsi di formazione con educatori che ci hanno rafforzato nella nostra riflessione, e soprattutto nel prendere alcune decisioni e nel dare corpo ad alcune iniziative.

> Quando saremo a faccia a faccia con la Provvidenza, capiremo forse perché esili fili legano vite ed eventi, a volte in modo sinergico, altre volte in modo un po' duro

e senza sconti. Sulle strade del mondo ciascuno regge il peso del proprio fardello e cammina sempre in cerca di qualcosa senza sapere cosa accadrà il giorno dopo. Siamo padroni dei nostri percorsi anche se, a volte, non riusciamo a sentirci liberi come vorremmo.

Difficile assimilare che la libertà si costruisce, passo dopo passo. In un progetto di vita che abbia un senso. Spesso non si sa perché abbiano inizio certe esperienze e perché si tramutino in qualcosa di duraturo e di significativo.

[...] Il «giusto» a volte non sai se sia un uomo, un evento, un comportamento, un compagno di viaggio, un traguardo, una libertà conquistata, un illuminarsi all'improvviso della coscienza quando l'«altro» interpella e chiede giustizia.

Destino dell'uomo è quello di andare, viaggiare, scoprirsi per rigenerarsi e trovare il bandolo di quella matassa che ti fa scoprire che non sei figlio del destino ma di Dio e di persone. E non ti fermi, voli in terre lontane ed entri in una terra dove i bambini ti circondano da ogni parte e il cielo è a portata di mano.

Difficile essere educatori senza interiorizzare una processualità che ha al centro il cammino della persona, l'Esodo personale e comunitario. L'erranza come connotazione tipica dell'*homo viator* che può contare sulla coscienza anticipante e sulla possibilità di inserire i problemi dell'altro consentendo di dare vita all'evento educativo e all'avvento di un qualcosa di indefinito che richiede tempo, capacità di sostare, competenza nel progettare, pazienza nell'accostare e nel condividere in prospettiva di assegnare alle cose e alle persone il loro nome e di mirare a una progettualità personalizzante.

[...]

La nostra erranza educativa ci vuole modesti testimoni e protagonisti dell'esodo umano: andare senza voltarsi indietro, mirare al futuro nella speranza e nella consapevolezza che senza perdono non c'è futuro, nella costruzione di una graduale competenza intorno ai «talenti delle povertà» e alla stessa povertà colta come una costruzione paziente e dolorosa di una possibilità di un mondo migliore.

[...]

La nostra erranza ci porta a non voler costruire, a non mettere mattone su mattone nel desiderio che altri ci accolgano e ci facciano il dono di ascoltarci e di aiutarci nell'integrazione pur breve e nella possibilità di condurre esperienze educative. Non intendiamo essere protagonisti ma solo un po' testimoni di ciò che Giovanni Crisostomo esprimeva in tempi lontani ma con parole assai attuali: «Vuoi onorare il Corpo di Cristo? Ebbene non tollerare che Egli sia ignudo; dopo averlo onorato qui in chiesa con stoffe di seta, non permettere che fuori muoia di freddo per la nudità [...] Il Corpo di Cristo che sta sull'altare non ha bisogno di mantelli, ma di anime pure; mentre quello che sta fuori ha bisogno di molta cura [...] Dio non ha bisogno di vasi d'oro, ma di anime d'oro [...] Perciò mentre adorni la Chiesa, non disprezzare il fratello che è nell'afflizione: egli infatti è un tempio assai più prezioso dell'altro».

Siamo consapevoli di essere ben lontani da tutto ciò. Ma cerchiamo di porre questi semi nella nostra testimonianza educativa senza fissa dimora.

Emmanuel Mounier parla del tempo come «pazienza di Dio». La frenesia della postmodernità che ha ormai infettato giovani e adulti non coglie il senso di questa «pazienza di Dio».

Anche in campo etico-religioso il cammino dell'umanità appare spesso inerziale, sfocato, indifferente, solo problema sentimentale e quindi sfuggente e indifferente ai fini. Come recuperare il senso dell'educare se ormai sempre meno persone (religiose e laiche) intraprendono il cammino dell'educare e dello spendersi per i giovani e le loro difficoltà a proseguire nelle strade del tempo e dello spazio, sempre più difficili perché sempre più confuse, contraddittorie e autoreferenziali?

2
Una buona idea fa strada: Educatori Senza Frontiere

Credo nella foresta,
e nel campo,
e nella notte in cui cresce il grano.
Henry David Thoreau

Un'intuizione nata, ovviamente, in viaggio

All'inizio degli anni Duemila la Fondazione Exodus era impegnata sul territorio italiano nella lotta contro le droghe e cercava di proporre modelli educativi nuovi per dare prospettive di vita ai ragazzi intrappolati in situazioni di grave disagio.

La mia e nostra azione era tutta centrata sull'arrivare prima, sul creare possibilità per prevenire l'uso delle sostanze, per contrastare ogni forma di devianza e per dare forza e valore all'atto educativo.

Non ci aspettavamo di essere provocati proprio in quel momento da una sorpresa di quelle che la vita riserva sempre a chi è in cammino.

Attraverso amici comuni, ci giunse una proposta dal profondo Sud del mondo, dal Madagascar. Suor Annunziata, una sorella della Congregazione delle Suore Nazarene di Torino, responsabile dell'Orphelinat

Catholique di Fianarantsoa, che oggi conta 200 bambini tra gli 0 e i 18 anni, mi chiese un aiuto per i suoi ospiti in età adolescenziale.

L'obiettivo della richiesta era di offrire opportunità a questi ragazzi, creando per loro progettualità di studio per imparare un mestiere e poi inserirsi nel mondo del lavoro.

La richiesta mi suonò strana, tanto ero impegnato nelle realtà italiane, al punto da non prenderla subito in considerazione. Mi dicevo: «Faccio fatica a fare quello che faccio in Italia, come posso varcare i confini e proporre qualcosa nel Sud del mondo?».

Ma l'insistenza di «Mamera» – così era chiamata suor Annunziata dai suoi bambini – mi convinse in poco tempo. C'era qualcosa che lei intuiva potesse essere un vantaggio per la sua impresa, ma anche un dono per me e per noi. Perciò inviai un mio collaboratore perché incontrasse quella realtà e si facesse un'idea di ciò che era possibile fare non estemporaneamente, ma con una concreta progettualità.

Da quella «esplorazione» ricavai l'idea che, senza che ci avessimo mai pensato prima, erano maturi i tempi per attraversare i confini (verso un mondo davvero molto diverso dal nostro) e imbarcarci in una nuova avventura.

Io stesso mi recai in Madagascar e la mia prima impressione fu confermata. A questo viaggio ne seguirono altri, di alcuni volontari che avevano lo scopo di comprendere le potenzialità e le esigenze dei giovani di Fianarantsoa e di mettere a punto un percorso formativo con loro e per loro.

Era il 2001. Con grandi aiuti economici, costruimmo il Centro Ambalakilonga, che significa «il posto dei ragazzi».

Sorge in un quartiere periferico della città – Ankofafa –, un'area vivace dove la vita si svolge per strada e ha al suo centro il mercato, gli scambi, i giochi dei bambini, il via vai dal centro urbano alla campagna e il lavaggio dei panni nel fiume che taglia la strada. La strada, appunto, è «impossibile»: sale verso piccole colline, passa attraverso le case ed è piena di buche profonde che mettono a dura prova le auto e i corpi dei passeggeri. È così da vent'anni, a ricordarci che le cose grandi non sono facili da conquistare.

Ambalakilonga è nato come un centro per offrire supporto educativo, sanitario e sociale alla popolazione locale, cercando di migliorare le condizioni di vita attraverso programmi mirati per i bambini, i giovani, gli adolescenti, le loro famiglie e la comunità in generale.

Ambalakilonga è il luogo che ha reso possibile, per noi, una scoperta fondamentale: non solo la potenziale dimensione internazionale del nostro impegno educativo, ma la sfida di ampliare i nostri orizzonti di valore ben oltre ciò che avevamo compreso, elaborato, proposto e sostenuto fino a quel momento in Italia.

I giovani di Ambalakilonga hanno fatto ricorso al nostro aiuto, ma, come si dice in questi casi e come ogni volta si scopre di nuovo con immensa sorpresa, è molto di più ciò che loro stessi ci hanno dato provocandoci con la loro povertà, ma soprattutto con le loro risorse, le loro energie e le loro visioni.

Questa esperienza, così ricca di sfide e tanto impegnativa, sollevava interrogativi vitali.

Ci rendemmo conto che il vero aiuto da parte nostra si doveva basare proprio su ciò per cui eravamo stati chiamati in causa: non l'intervento di una delle molte e meritevoli associazioni di volontariato a sostegno di situazioni di povertà, ma la presenza prolungata e progettata con cura di persone che credevano e credono nell'educazione come strumento di *empowerment*, attraverso il quale ridurre la povertà, migliorare l'accesso ai servizi di base e promuovere lo sviluppo.

Negli anni successivi, si aprirono infatti le porte a un gruppo di ragazzi che iniziarono ad abitare lì e a frequentare la scuola professionale che proponeva percorsi di studio di falegnameria, idraulica, elettricità, muratura. Si aggiunse poi l'informatica.

Accanto all'istruzione, io volli che gli elementi pedagogici del progetto Exodus fossero declinati anche ad Ambalakilonga, nel rispetto della cultura e delle tradizioni del Paese. Non doveva essere solo una scuola che trasmetteva informazioni e incrementava competenze e abilità, ma un luogo dove l'educazione integrale potesse diventare una reale possibilità per costruire vite nuove.

Di conseguenza, le quattro ruote del progetto Exodus

(lo sport, la musica, il teatro e il lavoro) divennero i principi educativi sui quali fu costruito il progetto.

All'inizio i volontari non erano molti. Si andò a pescare tra quelli che conoscevano e davano una mano al progetto Exodus.

I primi a partire furono Ezio e Andreina, una coppia di giovani adulti, più adulti che giovani, con i figli ormai grandi. In quegli anni fecero numerosi viaggi e rimasero in Madagascar anche per molti mesi ogni volta. Lui alto, magro, col sorriso stampato, capace di fare e di aggiustare qualsiasi cosa, un bravo insegnante; lei, dolce ma risoluta, la «mamma» di Ambalakilonga che ha dato l'impronta iniziale a quella che poi sarebbe diventata la casa dei ragazzi. Per i giovani lui era «Dadabe» e lei «Bebe», nonno e nonna.

Lei non c'è più ora, ma in sua memoria esiste una borsa di studio per i ragazzi di Ambalakilonga. Lui non può più viaggiare, ma fa parte integrante del progetto in Italia.

I ragazzi accolti nel villaggio di Ambalakilonga provengono principalmente da comunità rurali e aree remote del Madagascar, dove l'accesso all'educazione e ad altri servizi di base è limitato o difficile.

Con i suoi educatori, i ragazzi e i volontari, Ambalakilonga cerca ogni giorno, attraverso l'educazione e la formazione, di tenere alta la tensione per una prospettiva personale nuova, partecipando a un cammino fatto insieme.

Oggi Ambalakilonga è:

- casa per 40 ragazzi che vengono dalla strada e da situazioni di povertà e abbandono e che studiano e vanno all'università;
- scuola materna per 100 bambini dei villaggi vicini, di età compresa tra i 3 e i 5 anni, suddivisi in tre classi.

  La scuola materna di Ambalakilonga fa parte del progetto educativo globale del villaggio. L'idea è di fornire ai bambini le basi per una crescita sana e il supporto necessario per un apprendimento efficace, in un ambiente sicuro e protetto.

  La scuola materna rappresenta anche un punto di riferimento per le famiglie, dove le mamme e i papà ricevono supporto e informazioni su come affrontare le difficoltà quotidiane legate alla crescita dei loro bambini.
- La prima scuola professionale del Paese per educatori Human, riconosciuta dal ministero dell'Insegnamento tecnico e della Formazione professionale, con lo scopo di migliorare la qualità dei servizi educativi introducendo innovazioni e nuove dinamiche formative.

  Il programma della scuola Human si concentra su un approccio educativo innovativo che sottolinea il rispetto, l'inclusione e la valorizzazione di ogni singolo individuo.

  Human forma educatori che possano avere un impatto positivo su tutta la comunità, preparando figure professionali che possano contribuire a migliorare il sistema educativo locale nel lungo periodo.

- Il doposcuola, un'attività pensata per supportare i bambini e le bambine delle scuole pubbliche, che frequentano classi in cui ci sono anche più di 80 studenti.

  Ogni giorno i ragazzi partecipano ad attività didattiche, giochi educativi e laboratori creativi, che li aiutano a sviluppare nuove abilità, migliorare le proprie competenze scolastiche e stimolare la loro curiosità.

  L'obiettivo del doposcuola è non solo supportare l'apprendimento, ma anche favorire l'inclusione sociale, il benessere e la crescita personale di ogni bambino e bambina, creando uno spazio dove possano sentirsi valorizzati e motivati nel loro percorso educativo.
- Un avamposto per molti giovani italiani che vogliono vivere esperienze educative importanti, perché la realtà povera che incontrano possa cambiare il loro punto di vista e riordinare le priorità.

  La presenza dei volontari italiani ad Ambalakilonga è un'opportunità di crescita e di scambio reciproco. Non si tratta solo di portare competenze pratiche, ma anche di costruire un legame autentico tra culture diverse, dove ciascuno contribuisce con le proprie esperienze e visioni.
- Uno snodo importante per la rete sul territorio, che cerca di mettere insieme le realtà che operano nei contesti educativi, scolastici e religiosi erogando servizi educativi formali e non formali per bambini e giovani a rischio, con il coinvolgimento della società civile e il lavoro di rete con altre associazioni sul territorio.

  A questo scopo è nata la Piattaforma Miaro, che

connette e coordina le varie realtà che operano nel sociale in Madagascar e ha come scopo principale la creazione di alleanze tra soggetti pubblici e privati. Ciò permette di rafforzare il lavoro sul campo, migliorare l'efficienza delle risorse e garantire che gli interventi siano più mirati, efficaci e sostenibili nel tempo.

Ad Ambalakilonga esiste anche un progetto di turismo solidale, chiamato Miaradia, che significa «camminiamo insieme».

Il turismo solidale è pensato come un'opportunità di vivere un'esperienza diretta e autentica, immersi nella cultura malgascia, imparando e interagendo con le persone del villaggio, anziché rimanere solo dei turisti «distanti» dalla realtà locale.

Oggi Ambalakilonga compie 25 anni.

In tutto questo tempo sono successe tante cose, tante trasformazioni. Oggi Ambalakilonga vive e cresce grazie ai tanti educatori che hanno varcato i confini, sono andati oltre le frontiere e hanno portato professionalità e umanità.

Questa realtà vive grazie all'intuizione mia, dei volontari e del professor Vico.

Da allora siamo entrati in contatto e siamo intervenuti anche in altri contesti, di cui parlerò in seguito.

Prima di questi sviluppi, vorrei precisare alcune «scoperte» che dobbiamo proprio a questo tipo di attività e che ci hanno portato a fondare Educatori Senza Frontiere (ESF) e a dargli il metodo e lo Statuto, che approfondirò successivamente.

La voce di un cooperante che ha vissuto anni ad Ambalakilonga

L'esperienza che sto raccontando, e che da Ambalakilonga si è poi sviluppata con esiti inizialmente impensabili, è un'esperienza di persone. Sono i volti e le voci dei volontari che danno un'anima a questa avventura. Ecco perché mi piace citare, a questo punto del racconto, la testimonianza di Rosario Volpi, un cooperante da 18 anni in Madagascar, di grande sensibilità:

> Si è fatto piccolo questo nostro mondo, talmente piccolo che le distanze non si misurano più in chilometri, ma nei passi che siamo disposti a fare verso gli altri, soprattutto oggi in cui ci sembra di stare fermi e confinati.
>
> Spesso – lo dico prima di tutto a noi – la strada più lunga non è come pensiamo, quella che ci porta a mete geograficamente lontane, ma quella «che va dall'uscio di casa nostra verso quello di fronte» (don Tonino Bello). Un'attenzione, un piccolo gesto, una citofonata o anche solo un messaggio per dire «se hai bisogno ci sono», ma anche, diciamocelo chiaramente in tempi duri come questi, un chilo di pasta, un pacco di caffè, una connessione Wi-Fi condivisa possono essere il biglietto verso un viaggio che ci toglie dall'apatia e dallo scoraggiamento e ci riattiva colorando la monotonia delle nostre giornate.
>
> Ho iniziato questo nuovo Avvento scegliendo una canzone che mi accompagnasse a Natale: *Come il sole all'improvviso* di Zucchero.

«Nel mondo
Io camminerò
Tanto che poi i piedi mi faranno male
E nel mondo tutti io guarderò
Tanto che poi gli occhi mi faranno male.»

L'ho sentita quasi per caso, pochi giorni prima, e ho capito che era quella giusta! Ho iniziato l'Avvento con queste parole, perché credo sia importante non rimanere fermi. Attesa non può voler dire immobilismo.

Camminare finché i piedi non fanno male, e se non posso andare lontano con i piedi del corpo, continuerò a camminare con i piedi del cuore: «Beato l'uomo che ha sentieri nel cuore»[1] e sa «camminarsi dentro» (don Antonio Mazzi), perché troverà sempre una strada e una direzione per non rimanere schiacciato dalle proprie paure e per andare incontro a chi ha bisogno di essere preso per mano, accompagnato nel ricominciare a muovere di nuovo i primi passi.

«Nel mondo tutti io guarderò;
Tanto che poi gli occhi mi faranno male.»

Non mi sembra meno importante questo passaggio della canzone. Spesso guardiamo e non vediamo, spesso guardiamo e ci giriamo dall'altra parte. Questo Avvento ci apra gli occhi, su un mondo che soffre, che fugge, che muore. Ci apra gli occhi sulle difficoltà dei nostri vicini, dei nostri cari, di una nonna sola al piano di sotto, del vicino che non riesce a pagare le bollette, di tanti volti e nomi, per cui questo periodo è ancora più difficile e pesante.

[1] Don Antonio Mazzi, *Il vangelo dei piedi. Beato l'uomo che ha sentieri nel cuore*, Terra Santa, Milano 2019.

Insieme ai tanti nostri bambini, ragazzi, famiglie molto povere e semplici, da qui, dal Madagascar, vi voglio dire coraggio! Non fermiamoci, si può sempre fare qualcosa, il cuore non conosce distanze, e soprattutto riesce a trovare sempre una strada anche dove sembra non ce ne siano.

Buon cammino di Avvento... un passo alla volta.

Che fare? Una risposta a questa domanda: Educatori Senza Frontiere

Lungo la strada aperta e segnata da Ambalakilonga, il 25 febbraio 2005 nasce ufficialmente Educatori Senza Frontiere (ESF), perché abbiamo deciso che vogliamo formare educatori competenti e disponibili per dare corpo a un impegno stabile e non occasionale: condividere situazioni difficili in diversi Paesi del mondo (Italia compresa) offrendo nel modo più attento, attivo, coinvolgente e responsabilizzante il servizio che può far crescere le persone e quindi migliorare l'umanità a partire da loro e dal contributo che ciascuno può dare al luogo e al tempo in cui si trova a vivere.

Parlare di ESF, della sua storia, dei suoi principi, dei suoi percorsi di formazione e delle sue attività non significa semplicemente rendere omaggio a un lodevole esempio di volontariato per la promozione umana, ma confrontarsi con una sfida che ci riguarda tutti.

ESF si propone come una serie di contenuti e di pratiche di interesse generale: siamo tutti, dicevo nel primo capitolo, esseri in crescita, tutti possiamo prenderci cura gli uni degli altri educandoci e educando, tutti vogliamo vivere in un mondo che fa veri passi avanti... al passo del povero.

Carta d'identità

Del cammino fatto in questi vent'anni racconterò nei prossimi capitoli, con l'aiuto dei protagonisti di questa avventura: responsabili, formatori, educatori volontari.

Ora lascio la parola alla stessa associazione, che così si presenta:[2]

L'Associazione Educatori Senza Frontiere (ESF) nasce nel 2005 per formare giovani educatori competenti e disponibili a condividere situazioni difficili in Italia e nel mondo perché siano esploratori e fari nella società.

È un ETS (Ente del Terzo Settore) che opera nel campo dell'educazione e della formazione in contesti italiani e stranieri.

«Senza frontiere» è il nostro motto: l'educazione è lo strumento attraverso il quale promuovere emancipazione e riscatto, il viaggio il nostro linguaggio.

Mission: La nostra radice è l'educazione itinerante. Questo «spostarsi» assume un significato concreto trasfor-

[2] Le pagine che seguono sono a cura dell'Associazione, elaborate per presentare natura, obiettivi, filosofia e strumenti dell'Associazione stessa.

mando l'itineranza in viaggio e il viaggio in conoscenza: fondamento di una profonda consapevolezza dell'agire educativo che si fa formazione e trans-formazione. Attraverso l'utilizzo dell'arte pittorica, teatrale, musicale e letteraria, permettiamo alle persone che incontriamo di rivalutare e dare colore e senso alle proprie difficili storie, tirando fuori da ognuno il proprio talento e facendogli acquisire fiducia nelle proprie risorse.

Vision: ESF nasce dall'idea secondo la quale l'educazione, nella sua accezione più semplice e profonda, è il potenziale irrinunciabile di ogni uomo e di ogni comunità e il tessuto-base-connettivo delle relazioni e delle realizzazioni di tutti gli uomini. L'educazione, nella sua valenza alta di «educabilità», è patrimonio spirituale e culturale di ogni popolo, è il talento che ogni uomo deve fare fruttare nella consapevolezza che il talento è una ricchezza potenziale da spartire con altri.

Non esiste e non può esistere una grottesca superiorità di alcuni uomini o di alcuni popoli, soprattutto in campo educativo, su altri uomini e su altri popoli. Se così fosse, contrasterebbe con la natura stessa dell'evento educativo, naturalmente costituito da più voci.

SENZA FRONTIERE È LA DIREZIONE
L'EDUCAZIONE È LA STRADA
IL VIAGGIO IL NOSTRO LINGUAGGIO

Chi siamo: Ogni giorno, dal 2005, ci occupiamo di «viaggi», viaggi che partono dal cuore attraversando la vita e che nell'incontro hanno la loro meta. Nasciamo su stimolo di don Antonio Mazzi per fare educazione con i piedi, in continuo cammino, attraversando noi stessi e i confini del mondo senza passare oltre, per non lasciare indietro nessuno.

Superiamo le frontiere fisiche e mentali dentro e fuori di noi per costruire ponti e abbattere barriere. Siamo un movimento educante che crede in un cambiamento possibile, che semina per raccogliere cultura, rispetto, fiducia e curiosità, rispondendo a bisogni educativi e formativi reali.

Formiamo giovani educatori e educatrici perché siano esploratori e fari nella società. Lo facciamo attraverso l'utilizzo dell'arte pittorica, teatrale, musicale, letteraria e in gruppo, riscoprendo l'unicità di ognuno per poi camminare e crescere insieme.

La strada: Viaggiamo attraverso l'educazione. Siamo partiti dai confini del mondo, occupandoci di animazione educativa in contesti di povertà e marginalità giovanile e collaborando con realtà già presenti in loco.

Sono più di 50 gli educatori senza frontiere che ogni anno, dopo un percorso di formazione serio e impegnativo che offre loro consapevolezza e strumenti, partono come volontari e si mettono in gioco in contesti di precarietà, di emarginazione, di povertà economica, sanitaria, sociale, educativa e familiare. Sono diversi i Paesi in cui siamo presenti: Madagascar, Bolivia, Angola, Italia, e ogni anno si aggiungono mete diverse; più di 3000 i bambini, gli adolescenti e i giovani adulti che accompagniamo nella crescita.

A Fianarantsoa (in Madagascar) e a Milano abbiamo messo radici e creato i nostri avamposti educativi o «laboratori di sogni», come ci piace chiamarli. La nostra casa in Madagascar si chiama Ambalakilonga, un luogo che è tanti luoghi: comunità che accoglie 40 adolescenti orfani o provenienti da famiglie fragili, una scuola per educatori e educatrici (Human), riconosciuta dal ministero dell'Insegnamento tecnico e della Formazione professionale e che ogni anno accoglie fino a 25 studenti per classe, la scuola A.P.E. per l'infanzia e molto, molto altro.

Il nostro spazio per adolescenti si chiama Spazio47, è a Milano ed è più di un centro socio-educativo; è un luogo di crescita, scoperta e connessione. Siamo entusiasti di accogliere ogni giovane che desideri esplorare le proprie potenzialità, costruire amicizie durature e scoprire quali risorse potrà utilizzare per il proprio futuro.

Il linguaggio: Crediamo in un'educazione itinerante, fatta di ascolto reciproco e con lo zaino in spalla, pieno di sogni e desiderio di incontrare l'altro e di rendere il mondo un posto migliore. Itinerante perché costruita giorno dopo giorno.

Per noi, infatti, l'educazione non è preparare qualcuno a fare qualcosa nella vita, ma è la vita stessa. È ricerca, consapevolezza, cambiamento e scoperta per permettere a chiunque di sentirsi protagonista nella costruzione della propria identità, di chi si è e di chi si desidera diventare. Ricerchiamo e sviluppiamo risorse e potenzialità di ognuno per il riscatto, la presa di coscienza e la rinascita. Attraverso l'utilizzo delle arti, scrivendo, dipingendo, immaginiamo il noi e l'altro di adesso e di domani.

ESF è un movimento di giovani che vorrebbero vedere il mondo cambiare, per lo più educatrici e educatori, che hanno a cuore l'educazione intesa come sviluppo e formazione degli individui attraversando tutta la filiera generazionale.

ESF comincia a originarsi da un atto comunicativo, da una volontà di rinnovamento e di realizzazione di qualcosa che rigeneri l'educazione stessa e ne mantenga la fedeltà alla forma originaria dell'educabilità umana. È intenzionata a rilanciare nelle varie situazioni storiche l'educazione contro la diseducazione, il bene contro il male, l'amore contro l'indifferenza.

Gli ambiti di operatività dell'Associazione: la formazione

1. Formazione senza frontiere

In ambito formativo, principale attività dell'Associazione, ESF promuove percorsi di formazione per volontari.

I corsi hanno l'obiettivo di creare un bagaglio di competenze che permetta al volontario e alla volontaria di affrontare l'esperienza di viaggio con responsabilità, e offrono l'opportunità di conoscere e interiorizzare le basi della pedagogia dell'erranza.

Con il tempo l'offerta formativa è diventata un percorso ricco di possibilità anche per chi non decide poi di attraversare il mondo, ma approda a progetti in Italia o addirittura decide di utilizzare quanto appreso per dare una spinta creativa e motivazionale al proprio lavoro educativo.

Il metodo formativo di Educatori Senza Frontiere (ESF) si basa su un approccio integrato che pone al centro l'identità, la qualità della presenza e la crescita personale degli educatori e delle educatrici. Si tratta di un percorso che valorizza il ruolo dell'educatore come facilitatore di relazioni e promotore di cambiamento attraverso un approccio artistico, creativo e senza frontiere.

PRINCIPI FONDANTI

- *Centralità della persona*: ogni partecipante è riconosciuto nella sua unicità, con il proprio bagaglio di esperienze e competenze.
- *Erranza educativa*: il viaggio, inteso come esperienza di scoperta, confronto e trasformazione, è un elemento chiave per promuovere una formazione itinerante. L'erranza favorisce la capacità di adattarsi a contesti diversi, sviluppando flessibilità, resilienza e apertura interculturale.
- *Volontariato internazionale*: come parte integrante del percorso formativo, il volontariato offre un'immersione in contesti culturali e sociali diversi, stimo-

lando l'apprendimento attraverso l'azione e l'incontro con l'altro. Tutto quello che viene elaborato in aula viene messo in pratica nel mondo.

- *Pedagogia attiva e creativa*: l'uso di metodologie che valorizzano il fare e il riflettere, con strumenti creativi (scrittura, musica, fotografia, illustrazione, collage), amplia il linguaggio educativo e favorisce l'introspezione.
- *Formazione itinerante*: il metodo di ESF propone il viaggio come strumento formativo per apprendere attraverso l'esperienza diretta.

  La formazione itinerante combina percorsi di volontariato con attività educative, creando un legame profondo tra il vissuto personale e la riflessione professionale. L'esperienza del viaggio diventa un'occasione per esplorare il significato di identità, appartenenza e cambiamento.

STRUMENTI DIDATTICI

- *Esperienze sul campo*: attività in contesti locali e internazionali per stimolare la riflessione critica e la crescita personale.
- *Lavoro di gruppo e condivisione*: spazi di dialogo per elaborare le esperienze vissute e consolidare le competenze relazionali.
- *Supervisione creativa*: percorsi per supportare gli educatori nel gestire sfide personali e professionali.
- *Formazione mista*: incontri online e in presenza per integrare flessibilità e profondità.

OBIETTIVI

Il metodo di ESF mira a formare educatori capaci di vivere e promuovere il cambiamento, sia nella quotidianità che in contesti globali. Il viaggio, il volontariato internazionale e l'erranza educativa diventano strumenti essenziali per alimentare una visione trasformativa e sostenibile dell'educazione, rafforzando le competenze per affrontare le sfide contemporanee con sensibilità interculturale e capacità innovativa.

2. La Valigia degli attrezzi nella formazione per insegnanti, operatori del sociale e educatori

La Valigia degli attrezzi è una proposta formativa unica, progettata non solo per educatori e educatrici, ma per tutte le persone che hanno voglia di sperimentarsi in un'avventura formativa che coniuga creatività, lavoro esperienziale e trasformazione personale. Il percorso si fonda su un approccio basato sulle arti, capace di lavorare simultaneamente su competenze professionali e trasversali, offrendo strumenti pratici per il lavoro educativo e stimolando percorsi trasformativi individuali e di gruppo.

Le proposte si adattano anche a profili legati al mondo profit con particolare riferimento alle divisioni Training, HR, D&I.

Attraverso l'esplorazione di diverse forme artistiche, la Valigia degli attrezzi invita i partecipanti a uscire dalle routine, rompere gli schemi consolidati e ampliare la propria capacità di pensiero creativo e strategico. I temi affrontati durante il percorso aprono la mente non solo al lavoro, ma anche alla possibilità di scoprire nuove prospettive personali, trasformando difficoltà e resistenze in opportunità e nuove forme di comunicazione.

EDUCAZIONE COME VIAGGIO E PRESENZA

Per ESF, educare significa muoversi, esplorare contesti diversi e trasformare il viaggio in metodo. L'educazione non è trasmissione statica, ma processo vivo che si realizza nel presente e attraverso un fare condiviso. Formazione, itineranza e pratica si intrecciano per rispondere ai bisogni educativi di contesti locali e internazionali.

UN LINGUAGGIO DI RICERCA E CAMBIAMENTO

L'approccio di ESF si basa sulla ricerca continua, sulla promozione della consapevolezza e sulla capacità di sostenere percorsi di cambiamento. L'utilizzo di strumenti creativi – scrittura, arte, teatro, musica – apre spazi di scoperta e di rappresentazione del quotidiano, restituendo centralità alle persone e alle comunità.

OLTRE LE FRONTIERE

ESF lavora in contesti di fragilità e marginalità, accompagnando educatori, bambini, adolescenti e giovani adulti nella costruzione di significati e nella valorizzazione delle potenzialità individuali e collettive. L'obiettivo è superare barriere, sia fisiche che culturali, costruendo percorsi formativi che promuovano relazioni autentiche e consapevolezza reciproca. I Paesi in cui è presente sono: Madagascar, Bolivia, Angola, Romania, Bangladesh e Brasile, ma ogni anno ESF si apre a nuove possibilità e collaborazioni.

UN MOVIMENTO CHE GENERA COMUNITÀ

ESF è un movimento educante che sperimenta nuove forme di relazione e di presenza, interrogandosi sui temi dell'identità, della coesistenza e della sostenibilità. L'educazione diventa un fare insieme, radicato nella pratica e nel dialogo, capace di generare spazi di crescita individuale e collettiva.

Cosa rende unica la Valigia degli attrezzi?

UN APPROCCIO ESPERIENZIALE

Ogni modulo è pensato per far vivere in prima persona attività artistiche, attraverso giochi ed esercizi che vengono successivamente decodificati e rielaborati sia individualmente che in gruppo. La sperimentazione artistica diventa così uno strumento per esplorare e comprendere le proprie dinamiche e per affinare nuove strategie educative: conoscersi per operare.

FOCUS SULLE POTENZIALITÀ EDUCATIVE DELLE ARTI

Le arti non sono solo un mezzo espressivo, ma un vero e proprio «attrezzo» da aggiungere alla nostra valigia. Durante gli incontri si approfondiranno le potenzialità pratiche delle arti nel contesto educativo, ma non solo, con particolare attenzione alle situazioni complesse dove i metodi tradizionali possono risultare inefficaci.

RISPETTO DELL'INDIVIDUALITÀ

Ogni partecipante è libero di mettersi in gioco secondo il proprio ritmo, in un clima privo di giudizio e fortemente orientato all'accoglienza e all'espressione personale.

COSTRUZIONE CONDIVISA E LAVORO DI GRUPPO

Il gruppo è il cuore del percorso formativo: non si tratta di «insegnare» ma di co-costruire un'esperienza di apprendimento. Il confronto continuo permette di valorizzare il contributo di ogni partecipante, favorendo una crescita collettiva.

UTILIZZO DEL QUADERNO DI LAVORO

Essendo immersi in attività pratiche e coinvolgenti, sarà fondamentale utilizzare il quaderno di lavoro come strumento per fermare parole e immagini legate alle pratiche, non solo per tenerne traccia, ma per avviare già da subito una propria rilettura ed elaborazione.

La struttura e i format della formazione

La proposta è pensata per rispondere a diverse esigenze organizzative e personali, e include:

- Fine settimana intensivi.
- Giornate singole.
- Percorsi serali a distanza.
- The Art Box: la nostra residenza artistica per progettare creativamente.

UN METODO FORMATIVO TRASFORMATIVO

La Valigia degli attrezzi non è solo una formazione professionalizzante: è un viaggio, un'opportunità per mettersi in gioco e ritrovare nuove energie e prospettive. Attraverso la codifica e la decodifica dell'esperienza, sia individualmente che in gruppo, i partecipanti saranno accompagnati in un processo di scoperta, crescita e trasformazione, portando con sé strumenti e intuizioni preziose per affrontare le sfide educative e personali con rinnovata consapevolezza.

IL NOSTRO METODO È:

- Frutto di ricerca e contaminazioni: grazie alle nostre esperienze in tutto il mondo.
- Aperto: progettiamo e collaboriamo insieme ai nostri clienti.
- Esperienziale: si basa sulla creazione congiunta, sull'incontro e sulla relazione.
- Trasformativo: parte dalle persone, le mette in comunicazione e crea cambiamenti.

ESF anche per la formazione aziendale

Da anni ESF lavora anche a stretto contatto con le aziende e con le realtà profit, offrendo consulenza e formazione per realizzare progetti e servizi ad alto impatto sociale.

I nostri percorsi formativi sono creati su misura, rispondendo in maniera precisa alle esigenze concrete dei nostri clienti, con i quali collaboriamo attivamente nella progettazione e nell'implementazione.

Mettiamo a disposizione il nostro metodo (vedi sopra), che nel corso degli anni si è arricchito grazie all'apporto di diverse prospettive raccolte da esperienze in tutto il mondo.

PROPOSTA FORMATIVA

Obiettivo centrale è favorire, raggiungere e mantenere il benessere dei lavoratori, che si traduce nella possibilità di aumentare la proattività individuale e di gruppo e quindi di ottenere una maggiore produttività.

La formazione si propone inoltre di accrescere la consapevolezza del proprio ruolo mettendo in gioco le capacità personali.

La proposta formativa interviene su alcuni punti chiave:

- Mettere in atto processi che mirano a una maggior inclusione ed equità.
- Migliorare la comunicazione e le relazioni.
- Potenziare le soft skills.
- Favorire l'espressione individuale.

- Favorire la collaborazione tra gruppi.
- Valorizzare le competenze già acquisite nel contesto lavorativo.
- Individuare e prevenire situazioni di crisi.

GLI AMBITI DI OPERATIVITÀ DELL'ASSOCIAZIONE: LA COOPERAZIONE INTERNAZIONALE

Per Educatori Senza Frontiere, la cooperazione internazionale non è un intervento calato dall'alto, ma un incontro: uno spazio di relazione autentica in cui si impara, si cresce e si costruisce insieme.

È una pedagogia che parte dall'ascolto e dalla presenza, che rifiuta il protagonismo e sceglie di accompagnare, valorizzare, restituire. In ogni progetto, al centro ci sono le persone, le comunità e le culture locali, riconosciute come protagoniste del cambiamento.

In questo orizzonte, l'educazione non è certamente un accessorio, ma una leva di giustizia, un diritto fondamentale e uno strumento di emancipazione. Educare, per noi, significa risvegliare risorse, attivare consapevolezza, seminare futuro. E farlo insieme, in un cammino in cui ogni passo è dialogo, scambio, reciprocità.

I nostri interventi nascono dal territorio, si fondano su relazioni solide e si nutrono di formazione: una formazione viva, critica, capace di generare pratiche che durano nel tempo. La nostra presenza non porta modelli da replicare, ma strumenti per immaginare insieme nuove possibilità. La scuola Human, i centri educativi, le case di accoglienza ne sono esempi concreti:

luoghi che incarnano la nostra visione educativa e il nostro modo di essere nel mondo.

Ci distingue uno stile: un linguaggio fatto di rispetto, cura e coerenza. La nostra identità è riconoscibile perché è radicata in una pedagogia che si rinnova nel viaggio, nella fatica, nella relazione. Ogni partenza è preparata con responsabilità. Ogni ritorno è occasione di apprendimento.

La nostra cooperazione non possiede, non trattiene, non impone. Cammina accanto e lascia spazio. E nel farlo, educa anche chi parte, chi osserva, chi accompagna.

UNA PRESENZA IN ITALIA: SPAZIO47 – CENTRO SOCIO-EDUCATIVO

Nella periferia Est di Milano, al confine col parco Lambro, apre nel marzo 2023 lo Spazio47, luogo d'arte e educazione condivisa che mette al centro gli adolescenti e la loro comunità di riferimento.

È uno spazio socio-educativo con attività di supporto, accompagnamento e orientamento per studenti adolescenti e giovani, nel loro percorso scolastico individuale e di gruppo, e laboratori educativi e creativi multidisciplinari.

È un centro socio-educativo che propone un ambiente inclusivo e stimolante, dove gli adolescenti possono esplorare il loro potenziale attraverso una vasta gamma di attività e laboratori multidisciplinari.

È un luogo di crescita, scoperta e connessione. Siamo entusiasti di accogliere ogni giovane che desideri esplorare le proprie potenzialità, costruire amicizie durature e scoprire quali risorse potrà utilizzare per il proprio futuro.

Siamo convinti che i giovani siano il cuore della nostra comunità e che il loro sviluppo sia una priorità. Al centro ci sono loro e i loro sogni. La nostra missione principale è essere un supporto concreto per aiutarli a guardare al futuro.

SPAZIO SCOLASTICO

Offriamo supporto allo studio, promuovendo un approccio personalizzato che si adatta alle esigenze di ciascun partecipante.

Con una squadra di educatori e tutor preparati, miriamo a creare un ambiente che stimoli la curiosità e favorisca il successo scolastico.

In particolare, il lunedì e il giovedì pomeriggio presso lo Spazio47 si tiene il doposcuola, durante il quale gli studenti possono dedicare del tempo a fare i compiti o studiare, con la possibilità di ricevere aiuto da tutor o insegnanti.

Inoltre vengono offerti momenti di ripasso e approfondimenti su argomenti particolari, in base alle necessità.

SPAZIO CREATIVO

La nostra missione va oltre il mero apprendimento formale. Organizziamo una vasta gamma di laboratori multidisciplinari che hanno come protagonista l'arte in tutte le sue forme (scrittura, pittura, musica, teatro...).

Questi laboratori offrono agli adolescenti l'opportunità di esplorare nuove passioni, sviluppare competenze pratiche e costruire connessioni significative con i loro coetanei.

Il giorno della settimana dedicato a questi laboratori è il martedì che, insieme all'arte, dà il nome ai nostri #mARTEdì.

SPAZIO DI PAROLA

Nel nostro impegno per promuovere la crescita personale e la consapevolezza di sé, incoraggiamo anche attività di parola e condivisione. Gli adolescenti hanno l'opportunità di esprimere i loro pensieri, ascoltare gli altri e costruire legami solidi all'interno della comunità. Riteniamo che attraverso la comunicazione aperta e il supporto reciproco sia possibile creare un ambiente che ispiri fiducia e autenticità.

Un esempio di offerta formativa aperta a tutti: Gabriella Ballarini e La bottega delle parole

Gabriella Ballarini è una pedagogista, formatrice presso ESF dal 2006. Dopo molti anni dedicati alla professione, ha deciso di intraprendere un corso di studi presso l'Università Bicocca di Milano, iscrivendosi al corso di laurea magistrale Linguaggi artistici nella formazione. Da tre anni sta concentrando i propri sforzi nell'elaborazione del «Metodo dei Quaderni fantastici».

È lei a proporre e condurre il progetto, che presenta, in sintesi, così:

La bottega delle parole. Progetto magico: scrivere, illustrare, archiviare la nostra storia.

Un fine settimana dedicato alla scrittura di sé, ma non solo: uno spazio unico dove il silenzio, la musica e le parole si muovono tra fogli, colori e suggestioni visive. Un laboratorio immersivo nel cuore di Milano, pensato per chi desidera esplorare il proprio vissuto, rileggere la propria storia e darle nuove forme attraverso poesia, pittura, ritagli e racconti.

Obiettivi

- Esplorare il racconto autobiografico attraverso la scrittura, l'illustrazione e l'archiviazione creativa.
- Offrire ai partecipanti e alle partecipanti un'esperienza immersiva di introspezione e narrazione.
- Fornire strumenti per dare forma e voce alle proprie emozioni e memorie, utilizzando il linguaggio artistico.
- Favorire un momento di connessione con se stessi e con il gruppo in uno spazio creativo.

Destinatari/Partecipanti

- Chi può partecipare: persone di ogni età e provenienza, appassionate di scrittura, arti visive e narrazione di sé. Non è richiesta esperienza pregressa.
- Numero massimo di partecipanti: 14 persone per garantire un ambiente raccolto e curato.

Quando e Logistica
- Luogo: Milano – Viale Marotta 18/20, all'interno del parco Lambro e della Comunità Exodus di don Antonio Mazzi.
- Iscrizioni: formazione@educatorisenzafrontiere.org.

Contenuti e strumenti

Temi chiave
- La scrittura autobiografica: memorie, immagini, dettagli.
- La potenza evocativa della poesia e della parola.
- L'illustrazione come strumento narrativo.
- L'archiviazione creativa: costruire un contenitore della propria storia con carta, stoffa, colori e materiali di recupero.
- La contaminazione tra linguaggi artistici: scrittura, illustrazione, poesia e narrazione.

Strumenti utilizzati
- Scrittura e poesia (ispirata a Perec, Szymborska, Calvino, Ernaux e altri).
- Pittura e illustrazione, con tecniche semplici e accessibili.
- Collage di carta e stoffa.
- Ascolto musicale con cuffie e momenti di silenzio totale.

Modalità di conduzione

Il laboratorio sarà condotto da Gabriella Ballarini in modo esperienziale, con un alternarsi di momenti individuali e attività di gruppo. Ogni partecipante sarà guidato a esplorare le proprie emozioni e a tradurle in parole, immagini e segni, creando un prodotto unico che racconterà la propria storia. L'approccio è inclusivo, accogliente e creativo, con l'utilizzo di tecniche che favoriscono l'introspezione, la riflessione e il dialogo.

Competenze che si acquisiranno

- Capacità di esplorare e narrare se stessi attraverso la scrittura e le arti visive.
- Sperimentazione di tecniche creative per archiviare memorie e racconti.
- Consapevolezza del valore del silenzio, dell'ascolto e dell'immaginazione nella narrazione personale.
- Capacità di creare un prodotto artistico personale che intrecci parole, immagini e materiali di recupero.
- L'utilizzo della memoria come strumento di crescita e partecipazione.

3

Solide fondamenta...
su ciò che abbiamo imparato

Beato...
chi cammina con i sandali
chi cammina su sentieri vergini
chi cammina per sognare
chi cammina cantando nella tempesta
chi cammina con un bimbo in spalla
chi si fa cammino
chi cammina camminandosi
chi cammina per uscire dalle Decapoli
chi cammina per cercare altri grembi
chi cammina e aspetta gli ultimi
chi cammina sulla via di Damasco.

Dai diari di viaggio di ESF

L'educazione fa rumore

Gabriella Ballarini è la responsabile della formazione di ESF. Sono sue le parole con le quali voglio cominciare a parlare delle fondamenta del progetto.

L'educazione fa rumore.

Come le crepe sulla casa di legno in mezzo al lago, che quando si sente il caos della legna che si spezza, è già troppo tardi, si va a fondo.

L'educazione fa silenzio.

Come una carezza che arriva la sera, che non ti aspetti, ma arriva e senti un calore buono e senti che nessuna casa si sta spezzando.

L'educazione fa la rivoluzione.

Come qualcosa che non è la somma delle parti, ma un colore che si mischia a un altro colore e facciamo che la tela si riempie e sboccia un fiore.

L'educazione è un profumo di rosmarino.

Come preparare il pane, spezzarlo e servirlo a te e a tutti noi.

Ho pensato, in questi giorni, a tutto quello che siamo capaci di vivere ogni giorno nelle nostre case, a te che ti siedi con gli occhiali sulla punta del naso e ti alzi quando senti l'odore del caffè, tutto diventa possibile quando ci fermiamo ad ascoltare.

Sembra tutto possibile, anche l'assoluto presente, che è in ogni cosa, anche adesso che qualcuno è lontano, ma se ti guardi di fianco, è proprio lì.

Vorrei poter dire a te e a noi che lo abbiamo capito, che tutto questo nostro precipitarci nella vita lo stiamo facendo per salvarci, e poi una volta capito, ce la faremo?

A salvarci, intendo, ce la faremo?

Quanto rumore, silenzio, rivoluzione e profumo di rosmarino servono per salvarsi?

Quante domande senza risposta dobbiamo collezionare prima di dirci in strada, a camminare?

Quante paure ci incatenano lo sguardo e ci paralizzano gli abbracci?

Vorrei che in questo giorno disarmassimo le nostre ali, ci convincessimo a cedere all'umano, ci spingessi-

> mo a non confondere lo zaino con la zavorra e finalmente vivessimo la libertà, che no, non è star sopra un albero, è star dentro di noi, alzando lo sguardo, per vedere attorno e accogliere la vita intera, non solo un pezzo, non solo un antipasto, la vita intera.[1]

ESF nasce dall'idea secondo la quale l'educazione, nella sua accezione più semplice e profonda, è il potenziale irrinunciabile di ogni uomo e di ogni comunità e il tessuto-base-connettivo delle relazioni e delle realizzazioni di tutti gli uomini.

L'educazione fa riferimento anzitutto al valore della «educabilità» di ogni essere umano, patrimonio spirituale e culturale di ogni popolo. Essa è il talento che ognuno deve fare fruttare, nella consapevolezza che questa sua risorsa è una ricchezza potenziale da spartire con altri.

Non esiste e non può esistere una grottesca superiorità di alcuni uomini o di alcuni popoli, soprattutto in campo educativo, su altri uomini e su altri popoli. Se ciò fosse, contrasterebbe con la natura stessa dell'evento educativo, naturalmente costituito da più voci in reciproca cura.

Questo concetto deve essere analizzato e approfondito nelle sue componenti essenziali: «dare origine», «accompagnare», «prendersi cura», «rilanciare ed elevare».

[1] Gabriella Ballarini, *L'educazione fa rumore*, ESF - Educatori Senza Frontiere, https://www.educatorisenzafrontiere.org/2016/07/12/leducazione-fa-rumore/.

Dare origine

Significa portare in luce, esprimersi e aiutare a esprimere originalità, senza che questa significhi chiusura e, quindi, incomunicabilità.

L'intenzione è quella di non limitarsi, nello sviluppo e nell'affermazione della propria identità e autonomia di vita, alla semplice fedeltà a se stessi e alla memoria della storia personale e a quella della tradizione in cui si vive, ma di aprirsi agli altri e alla complessità del reale.

La complessità presenta il conto: l'educazione è fare chiarezza per conquistare obiettivi graduali nell'orizzonte del rapporto natura-cultura, umano-disumano, povertà-ricchezza, sviluppo-sottosviluppo, fedeltà ai valori della propria identità in dialogo con ciò che altri ci dicono o ci presentano.

Un compito che richiede di mettere a punto e conservare un delicato equilibrio tra identità e partecipazione alla vita del mondo.

Accompagnare

Accompagnare significa anzitutto seminare, in casa propria e in terra d'altri, a piene mani. Senza sperare in immediati raccolti e puntando alla piena valorizzazione delle persone e delle comunità, mettendosi in sintonia con valori e ideali imprescindibili dell'antropologia di molti popoli e individui, evitando l'atteggiamento di chi vuole possedere, piuttosto agendo come chi vuole entrare in comunione.

Significa anche offrire tanta pedagogia centrata sulla «metafora del viaggio», sullo «sguardo» e sul «volto dell'altro» che incontriamo. L'altro deve essere coinvolto nel percorso educativo nel ruolo di protagonista, all'insegna di un approccio pedagogico che valorizzi anzitutto le sue idee, la sua sensibilità e la sua storia.

Non si tratta, quindi, solo di dare, ma di mettere al centro il fatto che in questo modo anche il mondo ricco beneficerebbe veramente dello scambio, ricevendo non solo prodotti economici ma ricchezze umane e spirituali.

Prendersi cura

Prendersi cura di se stessi, degli altri, della complessità del contesto in cui ci si trova concretamente, nella prospettiva del condividere la fatica quotidiana del vivere e del morire.

Prendersi cura anzitutto della «educabilità» di ciascuno di noi come valore, punto di partenza e dinamica da alimentare costantemente.

Prendersi cura anche dello sviluppo della coscienza critica intorno alle questioni del rispetto dei diritti umani, della giustizia, della democratizzazione, della gestione economica degli aiuti, della possibilità di progettare, con sempre maggiore forza ideale e competenza socio-educativa e amministrativa, una società civile da costruire a partire dalle reali risorse delle persone e dei popoli.

Il «prendersi cura» ha inizio dalla consapevolezza che l'educazione ha come unico protagonista l'evento educativo personalizzato e personalizzante, icona significativa del rispetto dei diritti, dell'amicizia, dell'amore tra gli uomini.

La pedagogia di ogni popolo sembra testimoniare che la prospettiva dell'«umanesimo integrale» non è affatto prerogativa di una parte del mondo e non di altre.

Ciò è importante perché alcune pedagogie hanno «invaso» il mondo, globalizzandolo e privatizzandolo con secoli di anticipo, con le loro teorie pedagogiche e con le loro proposte «educative». Colonizzazioni sempre troppo «strette» perché lontane da quel rispetto per la centralità dell'uomo e dell'alunno, da quell'urgenza di porre in primo piano la personalità dell'educando, il suo ambiente e la sua cultura e da quella «rivoluzione copernicana dell'educazione» su cui l'Occidente, dalla seconda metà del secolo XIX, aveva costruito i presupposti dell'«educazione nuova».

Il «prendersi cura» assume, quindi, il significato e il valore di ridare a ciascuno il suo; di confermare i popoli, costretti ad apprendere culture di altri, nell'idea e nel progetto di una loro identità culturale e educativa, di una ricchezza latente e non ancora esercitata e sviluppata; il prendersi cura porta alla luce le connotazioni peculiari dell'educazione alla comunità, alla condivisione, alla solidarietà, alla società civile.

Il «prendersi cura» trascende, pertanto, la cura spicciola, stemperata nelle urgenze e nelle emergenze della quotidianità, per giungere alla consapevolezza che ogni uomo e ogni comunità dovrebbero partecipare alla costruzione di un mondo più giusto e solidale.

Rilanciare ed elevare

L'evento educativo è un continuo rilancio in termini di investimento sulla personalità dei protagonisti ed esprime il desiderio di elevare l'altro verso dimensioni dalle quali poter guardare il mondo, il passato, il quotidiano con occhio diverso e con lo spirito di colui che aspira appunto a cose alte.

Il desiderio è già una tensione e una speranza di potere attingere e vedere una realtà che appaghi e che connoti il giorno di una pur minima felicità.

Il rilancio e l'elevazione verso l'alto sono intenzioni progettuali che si integrano e danno vita al cammino verso un fine, nella consapevolezza degli obiettivi intermedi e delle interazioni necessarie per rendere il cammino meno ignoto, significativo, con una logica interna consapevole dei tempi e delle responsabilità in itinere e finali.

Rousseau sosteneva che il primo principio dell'educazione è «perdere tempo per guadagnarne». Oggi tutti corrono e l'educazione dovrebbe disporre di motori particolari e di piloti super per battere i record dei tempi dell'educare... in un viaggio che, invece, richiede tappe, soste, ripensamenti, regressioni, analisi e sintesi.

Gli educatori di ESF vivono una particolare situazione: sono immersi in un mondo che va a rotta di collo e vorrebbero porsi all'inseguimento di coloro i quali spesso giocano sulla finzione di realizzare ancora prima di progettare e agire. Il punto è assai delicato, perché l'orizzonte educativo, nostro e altrui, la cultura in cui siamo inseriti, la progettazione degli interventi, l'immaginario collettivo che in parte ci siamo costruiti e nel quale viviamo ci inducono a chiedere di fare in fretta e di salpare o decollare.

La vita è fatta di scelte e di ripensamenti: l'educazione vive di questo e i suoi attori, quando prendono le cose sul serio, avvertono il dovere della sincerità e della responsabilità delle scelte.

Per questo parliamo di personalizzazione e di progetti diversificati, appunto per garantire a ciascuno la sua parte in relazione alle esigenze e alle scelte personali e a quelle di ESF. Senza dimenticare che nell'orizzonte del rilancio e dell'elevazione giocano un ruolo importante i processi maturativi: il tempo porta consiglio e l'elaborazione dei problemi induce a cogliere e a sollecitare nuove prospettive, personali e di gruppo.

Il fine dell'educazione non si elabora e non si raggiunge mai in solitudine ma sempre con gli altri, attenti agli altri e disposti a ricevere da loro.

Dieci punti su cui si fonda l'azione di ESF

Il primo viaggio ad Ambalakilonga avviò la definizione dei nostri ideali. Qui presento una prima bozza dei punti fondamentali che ancora oggi condividiamo:

Educatori Senza Frontiere:

1. promuove l'attenzione e la riflessione sui problemi dell'educazione dell'uomo, senza distinzione alcuna, per contribuire a favorirne il maggior sviluppo possibile;
2. elabora idee e strategie per conoscere le realtà e le loro problematiche, le diversità e i loro valori, aiutando gli uomini e il loro ambiente a essere protagonisti dell'educazione e dello sviluppo;
3. mira alla formazione di educatori competenti e disponibili a condividere i problemi in situazioni difficili e individua nell'educazione e nella promozione dell'uomo il fine e lo strumento dell'emancipazione e del riscatto;
4. interviene in situazioni di emergenza, nelle quali l'educazione deve essere vitalizzata e impostata come ideale e criterio trainante;
5. promuove forme differenziate di intervento per favorire istruzione, formazione professionale, educazione all'identità e alla mondialità, soprattutto nelle nuove generazioni;
6. elabora strategie per la formazione di *éducateurs* nello spirito di *sans frontières* (ispirandosi al modello di Medici Senza Frontiere);

7. collabora all'elaborazione di progetti improntati agli ideali di giustizia, solidarietà e sussidiarietà tra le persone e i popoli;
8. valorizza l'esistente e, cogliendone le varie peculiarità, ne promuove le potenzialità educative, nella consapevolezza che lo spirito dell'educazione *sans frontières* è alla base di una sempre maggiore umanizzazione dei popoli e tra i popoli;
9. non ha «pedagogie» da proporre, si pone a servizio degli altri per individuare nuove prospettive di sviluppo umano, sociale, civile e culturale e vede nello studio e nella cooperazione le condizioni della promozione della pace e della giustizia fra i popoli;
10. crede nel messaggio evangelico e fonda la propria testimonianza sulla partecipazione volontaria e sulla condivisione di ideali e progetti finalizzati al servizio degli altri.

Questi dieci punti sono una sintesi di quanto abbiamo elaborato. Sono inoltre un orizzonte da interpretare e da innovare con l'esperienza, con la consapevolezza che l'esperienza e i suoi frutti non sono mai cose scontate.

Gradualmente abbiamo anche capito che la vita è un esperire senza fine, spesso frammentato e indifferente, che dobbiamo ricondurre a una pur minima unità attraverso uno sforzo continuo di liberazione in noi stessi delle voci che ci orientano a vedere le cose da una profondità nuova.

L'educatore apprende dalla vita e dalla profondità

propria e altrui che il primo pericolo contro cui lottare sta proprio nella cultura di chi rivela disincanto su ogni cosa e una paralizzante ambivalenza tra molte ragioni per vivere e nessun motivo per esistere. L'interpretazione della cultura altrui e la condivisione dei progetti dovrebbero avvenire attraverso la costruzione di comuni criteri, in gran parte condivisi e in parte da costruire, per trovare approcci e prospettive che tengano conto della realtà e non della nostra rappresentazione della realtà.

Non possiamo eludere la dimensione del mistero ben presente nell'atto educativo e negli orizzonti ancestrali e originari dai quali ogni uomo prende linfa per dare consistenza e significatività alla dimensione del desiderio e della intenzionalità educativa. Difficile immaginare l'intenzionalità senza un progetto che le consenta di storicizzarsi e di personalizzarsi, declinandosi attraverso una pluralità di azioni che richiedono: un riferimento organizzativo; non concepirsi come salvatori; un quadro operativo di riferimento; la consapevolezza della reciprocità perché la relazione educativa non può fare a meno dei suoi attori, presenti e futuri, e dei suoi destinatari, reali e simbolici.

Si tratta di una realtà variegata e complessa, ricca di suggestioni e di problemi da affrontare ogni giorno. Gli ESF possono addirittura incontrare e vivere l'esperienza della morte dell'altro, possono vivere accanto a questa morte e rendersi conto che la morte dell'altro è anche la propria morte.

Non si può amare l'altro se non nella sua integrità. Toccare la morte con mano e vederla nella realtà di chi ha camminato con noi significa abbattere anche le ultime frontiere per attingere un senso più pieno della vita.

Scrive Anthony De Mello: «La morte è resurrezione... qui e ora. La persona pienamente viva è colma di morte. Moriamo continuamente alle cose. Ci spogliamo continuamente di ogni cosa per poter essere pienamente vivi e per risorgere in ogni momento».[2]

Il fatto di poter risorgere in ogni momento ha radici profonde anche in campo educativo e, soprattutto, nel non pretendere che l'altro diventi un nostro frutto da cogliere. Risorgere è amare la novità e trovarsi almeno qualche volta a banchetto, reale o simbolico, coi poveri, per cogliere spunti di riflessione intorno a ciò che nella vita può valere veramente.

La morte per povertà fa pensare: tolta la retorica, sempre in agguato, rimane una resurrezione da poche cose, una leggerezza costata una vita.

Basterebbe sapere soppesare il viaggio del povero con la bilancia del «perché di loro è il regno dei cieli» per risostanziare il nostro Statuto e rilanciarlo ogni volta.

[2] Anthony De Mello, *Messaggio per un'aquila che si crede un pollo*, Paoline, Milano 1995.

Cose che abbiamo imparato: incontrare il bisogno degli altri

Una cosa che avviene spesso è che quando si arriva in un Paese, che può essere il Madagascar, l'Etiopia, il Kenya ecc., si vedono i bambini e si pensa che, nonostante tutto, sono sereni e vivaci. Dopo qualche giorno, però, ci si rende conto che sono bambini già pieni di sofferenza, anche se mostrano comunque gioia di vivere e stupore di fronte alle cose belle. Il loro problema è che non hanno nessun tipo di sollecitazione: dopo i 10/12 anni cominciano ad avere i volti più tirati e il sorriso si stempera. La povertà di queste persone la si osserva guardando i loro occhi.

Quando si arriva nelle realtà povere, come quelle dell'Africa, è necessario valutare oggettivamente la situazione, evitando di avere una visione eccessivamente negativa – vedendo l'apocalisse ovunque –, o eccessivamente positiva, nascondendo o sottovalutando i problemi esistenti.

È importante, nella relazione con la popolazione, non dimenticare mai che essa non desidera intorno persone curiose e invadenti: generalmente, infatti, la gente del posto è discreta e riservata, e ha bisogno di tempo per aprirsi.

A un certo punto, la vulnerabilità di questi poveri diventa anche la nostra vulnerabilità. In educatori che si recano all'estero, in particolare, può manifestarsi:

- la vulnerabilità della nostra dimensione affettiva: quando si vive nella propria realtà, si ritiene di aver raggiunto la maturità affettiva, mentre quando si arriva in questi Paesi ci si rende conto che non è così, che la maturità affettiva può anche essere diversa da come l'avevamo immaginata;

- la vulnerabilità dell'intelligenza: quando si arriva in questi Paesi ci si rende conto che anche da un punto di vista razionale e interpretativo abbiamo delle mancanze, che probabilmente abbiamo letto troppi libri, che abbiamo troppi schemi nella mente e che ci aspettiamo che sia la realtà a adattarsi a tali schemi e non viceversa;
- la vulnerabilità dei sentimenti: parlando con i bambini di strada, si comprende cosa vuol dire conquistare la fiducia di partenza, prendere l'iniziativa, garantire la loro autonomia, assumersi la cura del bambino in contesti dove, a volte, ci sono 5 o 6 bambini che nascono e vivono in una baracca e in cui un bambino non si sente nel cuore di nessuno (questi bambini, a un certo punto, decidono di andare a vivere sulla strada, e veramente non sono nel cuore di nessuno: è un processo analogo a quello che vivono molti ragazzi italiani che decidono di abbandonare la scuola, dopodiché nessuno si preoccupa più di ciò che fanno).

Nella fase della progettazione, queste vulnerabilità intervengono a tre livelli:

- a livello della «valenza attiva», cioè dell'intenzione di intervenire in maniera concreta, per cui ci si prefiggono degli obiettivi e, per raggiungerli, si mettono a punto metodi e strumenti, implementando un processo abbastanza consequenziale;

- a livello della «valenza relazionale o interattiva», per cui al fine di realizzare il progetto pensato si deve necessariamente interagire con altre persone, creando quella che viene definita la «cultura del progetto». Infatti, nonostante sia il frutto dell'unione di diverse competenze, culture ecc., il progetto, via via che si realizza, crea una propria cultura, un proprio orizzonte culturale (per questo si dice che ogni progetto è diverso dagli altri);
- a livello della «valenza curativa»: quando si realizza un progetto, si cura sempre qualcosa, anche le proprie ferite e ciò che da esse, e dalle frustrazioni, emerge; in particolare, nella progettazione, bisogna tenere conto di tre aspetti:
  - la «cura di sé»: quando si pensa a un progetto è importante avere cura anche di se stessi, evitando di essere masochisti (in quanto le frustrazioni non fanno bene a nessuno) e mirando sempre a una crescita personale, che, oltre a essere utile a se stessi, avrà degli influssi positivi anche nell'interazione con gli altri;
  - la «cura dell'Altro»: ovviamente il progetto deve prendersi cura dei suoi destinatari, mirando a un miglioramento della loro vita, sia da un punto di vista esteriore che da un punto di vista interiore e spirituale;
  - la «cura delle istituzioni»: è fondamentale, quando si decide di intervenire su una determinata real-

tà, prestare attenzione alle istituzioni presenti sul territorio in cui dovrebbe aver luogo l'intervento, liberandosi dal pregiudizio che, dato che ci si trova in Paesi in via di sviluppo, le istituzioni siano inevitabilmente arretrate. Bisogna considerare il fatto che all'estero si possono trovare istituzioni pienamente funzionanti, anche se diverse da quelle a cui si è abituati.

A proposito di istituzioni, nei Paesi più poveri è frequente trovare dei micro-sistemi di sussistenza (non di sviluppo), nei quali, pur non avendo niente, la gente mette in atto una progettazione (dove sono presenti gli aspetti della valenza attiva e di quella curativa) e attraverso cui le persone tentano di dare un ordine alla propria vita, stabilendo delle gerarchie interne.

Generalmente, i micro-sistemi di sussistenza sono sistemi chiusi, che non si aprono agli estranei, soprattutto se fanno parte del medesimo contesto.

Coloro che decidono di realizzare un progetto in un territorio dove è presente un micro-sistema di sussistenza devono, innanzitutto, riuscire a entrare in questo sistema e, a tal fine, devono presentarsi alla figura più carismatica e significativa (come potrebbe essere un capo tribù), o farsi presentare, al fine di raccogliere un po' di informazioni sulla cultura, sulle tradizioni, sui problemi ecc. Questo è un passaggio fondamentale: cercare di entrare in una realtà di questo genere senza passare attraverso la figura carismatica è un grande errore, che preclude la possibilità di instaurare un buon rapporto.

Una volta che si è riusciti a entrare in una realtà, in quanto Educatori Senza Frontiere si deve cercare di abbattere tutte le barriere, valorizzando figure, competenze e alcune abilità e qualità umane presenti nel contesto, ma, soprattutto, senza comportarsi come se si fosse i salvatori del mondo (così non si salva nessuno). Bisogna affiancarsi alle persone del luogo, portando, con attenzione e intelligenza, il proprio contributo, che almeno inizialmente sarà più di natura simbolica che pratica. È importante avere l'umiltà di mettere da parte anche le questioni sulle quali ci si sente più competenti, al fine di dimostrare che si è disposti a costruire la propria competenza con loro, senza avere l'atteggiamento di chi sa tutto; è lo stesso comportamento del maestro che non deve far sentire inferiori i propri allievi, anche se ovviamente ne sa più di loro, e non deve neanche mettersi al loro livello, ma deve adattare la propria competenza al loro grado di sviluppo.

Deve essere l'Altro a farci capire che si è accorto che siamo bravi, specialmente nei Paesi di povertà estrema, dove le persone sono intelligenti, intuitive, in grado di cogliere le finezze della vita, ma non hanno le sollecitazioni necessarie per tenere in esercizio tali abilità.

La massima vulnerabilità di queste persone è proprio la mancanza di esercizio: i bambini parlano, ma se poi la funzione simbolica del linguaggio non viene utilizzata e arricchita con apporti culturali di esperienze nuove e di interazioni affettive e interattive con altre persone, con il passare del tempo tende ad appiattirsi, a standardizzarsi e omogeneizzarsi sul piano delle interazioni tra di loro.

Quindi, quando si arriva in questi Paesi, bisogna proporre e impostare delle attività, non troppe, adatte a permettere ai soggetti, in particolar modo a coloro che sono in età evolutiva, di esercitare alcune funzioni importanti (per esempio il linguaggio, la deambulazione, la mimica, la gestualità, il contare, il raccontare ecc.), senza divagare e senza fare troppe proposte: bisogna individuare dei filoni sui quali rimanere per un tempo sufficientemente lungo da permettere ai bambini di apprendere degli automatismi, che poi potranno essere generalizzati ad altri ambiti e attività.

Queste persone hanno bisogno di ricevere quotidianamente quelle spinte, quei rilanci che arricchiscono lo spirito umano, stando bene attenti a valorizzare i loro talenti, le loro qualità e abilità, dando loro il tempo di apprendere e, soprattutto, senza pensare che siano inferiori perché appartengono ed esprimono tradizioni rigide e standardizzate.

Uno sguardo nuovo: dalla progettazione «lineare» a quella «reticolare»

Generalmente, quando si pensa a un progetto da realizzare, si ha in mente una progettazione di tipo «lineare», nella quale ci sono obiettivi, contenuti, metodi, spazi, tempi, strumenti, verifiche e valutazioni. Per raggiungere il proprio scopo, si ha in mente una linea retta, con un punto di partenza e uno di arrivo e, generalmente, pensando a una progettazione di questo genere, si è tutti competenti, in quanto sembra sia sufficiente imparare a memoria momenti e segmenti del progetto e poi dare continuità.

Il problema è che, nella maggior parte dei casi, questo genere di progettazione non è declinabile nella quotidianità: è sicuramente importante avere a mente una progettazione lineare, perché permette di avere ben chiaro in testa ciò che si vuole fare, quando e come farlo, ma non è sufficiente. Infatti, bisognerebbe avere in mente anche una progettazione di tipo «reticolare».

La progettazione è un susseguirsi di momenti e fasi, che spesso non ha un andamento lineare, ma è fatto di passi avanti e passi indietro: pensare in termini di progettazione reticolare permette di agire con maggiore elasticità, adattandosi agli eventi.

La programmazione reticolare, oltre ad avere un valore pratico, ne ha anche uno simbolico. Infatti, essa rimanda all'immagine della rete usata dai pescatori: quando si va in determinati contesti, attraverso la loro azione gli educatori «pescano» degli individui, al fine di inserirli all'interno di un contenitore simbolico (la rete); più la situazione è difficile, più i bambini, i fanciulli, i ragazzi e gli adolescenti hanno bisogno di un contenitore simbolico, senza il quale si disperderebbero e non si riuscirebbe a dare un ordine alla loro vita. Più un individuo è disperato più ha bisogno di un contenitore simbolico.

Il contenitore simbolico può essere, all'occorrenza, ristretto o allargato, ma il miglioramento, la promozione, la prevenzione ecc. hanno bisogno che gli educatori, gli adulti, la cultura della classe e della scuola e, fondamentalmente, la personalità dell'educatore forniscano all'alunno uno spazio simbolico, nel quale egli possa muoversi, trovare dei significati e imparare a mantenere il giusto equilibrio tra avvicinamento e allontanamento: se si avvicina troppo, non apprende nulla, ma se si allontana troppo, ritirandosi in se stesso, rischia di cadere nel narcisismo e nell'autoreferenzialità.

Inoltre, il contenitore simbolico ha il pregio di offrire, al soggetto in età evolutiva, tutte le sollecitazioni di cui ha bisogno, al fine di esercitare le proprie abilità, e, all'educatore, uno strumento attraverso il quale comprendere ciò che l'alunno è, fa e può essere.

Il contenitore simbolico ha anche una funzione di difesa, in quanto consente di predisporre dei sistemi di protezione nei confronti delle vulnerabilità dei ragazzi, studiando delle interazioni adatte, creando delle occasioni di stupore, di bellezza, di creatività.

Il contenitore non troppo grande permette di cogliere le «epifanie» del ragazzo, cioè le sue manifestazioni più belle e profonde, che difficilmente si possono osservare in contesti allargati e numerosi, sulle quali si può intervenire in maniera diretta e incisiva, con metodi più o meno informali.

In campo educativo, è necessario partire utilizzando tecniche informali, in quanto il ricorso precoce alla formalità provocherebbe un sicuro fallimento della relazione. All'inizio bisogna cercare di attivare l'attenzione, l'interesse, il desiderio di apprendere, di fare, di esercitarsi, di interagire e ciò è possibile solo attraverso una partenza informale; una volta che si possono riscontrare, negli allievi, tali elementi, si deve passare, in maniera abbastanza decisa, alla formalità.

La persona che decide di fare un'esperienza come quella di Educatori Senza Frontiere, sicuramente, già molti mesi prima di partire, inizia a immaginarsi come sarà il luogo dove andrà e, soprattutto, inizierà a pensare che cosa fare. Fino a quando è lontana dal luogo di azione, le verranno in mente tante cose belle e intelligenti da fare: il consiglio è quello di segnarsi le cose subito quando vengono in mente, perché poi verranno dimenticate e quando, una volta arrivati, si dovrà iniziare ad agire, non si avrà in mano più nulla.

Educare è giocare

Il progettare, il fare, il sentirsi già coinvolti è come costruirsi pezzo per pezzo un giocattolo, che può essere più o meno complicato; alle volte, però, quando il giocattolo è finito e si inizia a giocare (quindi quando il progetto è stato interamente steso e si inizia la realizzazione), si rompe e questo rappresenta la più grossa vulnerabilità a cui è esposto l'educatore: tutto sommato la progettazione e la sua attivazione sono attività ludiche.

Se l'azione educativa viene vista come un'attività ludica, di coinvolgimento, dato che essa è una funzione in continuo divenire, il giocattolo, se non si rompesse già di suo, andrebbe rotto o quantomeno affiancato ad altri giocattoli.

Un maestro ai suoi bambini potrebbe dire: «Il primo giocattolo l'ho portato io, ora, per imparare altre cose, il giocattolo dovete costruirlo voi, o meglio ancora, dovreste costruirvi ognuno il proprio».

Nella visione ludica dell'educazione, si pone il problema di valutare quando e come utilizzare il gioco come strumento di apprendimento: le situazioni educative, infatti, sono numerosissime (gli educandi possono essere bambini o adolescenti, possono essere più o meno svegli, intelligenti o creativi ecc.), quindi occorre decidere in che modo e fino a quando è possibile utilizzare il gioco.

Non esiste una soluzione univoca a questa questione, ma sicuramente un gioco che si rompe in un momento di tensione educativa e di massimo interesse all'apprendimento ha svolto la sua funzione e deve essere cambiato, oppure si può anche arrivare alla constatazione che l'attività ludica è arrivata al culmine, per cui è necessario passare a metodi di insegnamento più maturi.

L'educatore deve stare sempre ben attento a cogliere i segnali che indicano la possibilità, da parte dei ragazzi, di fare un salto di qualità (questo vale per tutte le attività, fosse anche educazione fisica).

Il gioco rappresenta sicuramente un ottimo strumento di apprendimento, però, a un certo punto, intorno ai 5/6 anni, deve lasciare spazio a un altro tipo di attività che non è propriamente ludica ma ne mantiene la forma. In seguito, intorno alla terza o quarta elementare, il gioco non deve scomparire, ma deve necessariamente essere ridotto. Questo è il momento in cui si comincia a parlare di «lavoro scolastico»: la principale differenza tra l'attività ludica e il lavoro scolastico è che quest'ultimo è un'attività continuativa finalizzata alla realizzazione di un prodotto, che, invece, non esiste, se non sotto forma di gratificazione, nel gioco.

Questo discorso sulla funzione del gioco e sull'educazione come attività ludica è utile agli Educatori Senza Frontiere perché rappresenta un esercizio mentale attraverso cui addestrarsi, proprio nei Paesi poveri, a non farsi sfuggire opportunità educative: quando si viene colpiti dall'abilità mostrata da un bambino, bisogna offrirgli tutti gli strumenti necessari per svilupparla ulteriormente; lo sviluppo di un'abilità specifica potrebbe poi trasferirsi ad altri ambiti.

Il giocattolo rotto, eventualmente, può anche essere sostituito, ma è importante non rompere i ritmi di apprendimento di una persona.

La progettazione, a volte, viene considerata come un passepartout con cui aprire tutte le porte, ma non è sempre così, infatti, nei momenti più impensabili, può accadere che la chiave si rompa nella toppa (l'esempio del giocattolo rotto) e, a questo punto, bisogna saper andare avanti: nelle esperienze limite si deve essere duttili, non ci si può creare degli schemi a priori, si deve essere in grado di affrontare tempestivamente gli ostacoli che si incontrano.

Lo spirito e lo stile

Nelle fasi iniziali, le cose più importanti, al di là della programmazione, sono lo spirito e lo stile: lo spirito con cui si approcciano i ragazzi a un contesto nuovo e lo stile attraverso cui si fa la propria proposta.

Per spirito si intende la mimica, il modo di agire, il modo di sedersi o stare in piedi con loro e il modo di parlare; lo stile, invece, rappresenta la modalità attraverso la quale si cerca di infondere in loro lo spirito di apertura, di convivenza, di partecipazione ecc.

Mentre si tenta di fare ciò, è fondamentale aprire bene le orecchie e stare molto attenti a ciò che i ragazzi dicono, cercando di non perdersi neanche una parola e rispondendo, subito e in modo creativo. Quando una persona parla comunica tante cose, anche se utilizza una sola parola (una persona comunica persino attraverso il silenzio) ed è importante non far passare inosservata nessuna di queste cose, perché ognuna rappresenta un'opportunità utile per venire a conoscenza di alcune informazioni che direttamente i ragazzi non darebbero mai.

Nell'educazione, soprattutto in riferimento ai contesti dove operano Educatori Senza Frontiere, non bisogna dimenticare mai l'importanza della lingua, della parola parlata: anche se non si conosce la lingua autoctona bisogna sempre parlare (in italiano, in francese o in qualsiasi altra lingua), aiutandosi con i gesti o facendosi aiutare da un'altra persona. L'importante è non rimuovere mai il linguaggio parlato; l'uomo è un animale simbolico e ha bisogno di nutrirsi soprattutto di parole, perché la parola entra e scava, dando luogo a nuovi significati.

Lo scopo dell'educatore, attraverso l'utilizzo del linguaggio, non è tanto quello di trasmettere (anche se trasmettere è importante, in quanto il linguaggio è anche imitazione), ma è quello di utilizzare le parole per rompere il ghiaccio: pian piano, arriva il momento in cui un ragazzo si avvicina per parlare di sé e questo rappresenta il momento più bello e il fine ultimo dell'educazione.

Il motivo per cui ciò accade è che il ragazzo ha colto lo spirito e lo stile educativo. Nessun ambiente fa eccezione a questo manifestarsi: più si agisce sul fattore simbolico (parola, linguaggio, silenzio, ascolto), più l'altro a un certo punto ha bisogno di noi, perché ha colto delle affinità e, soprattutto, ha colto un'intenzione educativa la cui essenza fondamentale è di aprire l'Altro nelle sue profondità psichiche, spirituali, morali, religiose ecc. e ciò inizia fin dall'infanzia.

Queste due ultime cose, l'importanza della parola e l'apertura dell'Altro nei nostri confronti, devono essere considerate e memorizzate quasi fossero un testamento spirituale.

Povertà, miseria e impegno educativo

La povertà può anche essere uno stile di vita, ispirato alla frugalità, alla semplicità, alla solidarietà, all'arte di accontentarsi di ciò che si ha e di ciò che si è ricevuto. Può generare relazioni ispirate alla convivialità e alla condivisione comunitaria e accompagnarsi alla scelta etica di vivere insieme valorizzando la giustizia e la coesione sociale.

La miseria, al contrario, non è mai una scelta: essa, prima ancora di essere una questione materiale, è la caduta in un mondo senza ripari, nel quale la persona è privata delle proprie forze individuali e sociali, necessarie per prendere in mano il proprio destino.

L'uomo in miseria, quindi, è ridotto all'impotenza ed è privato anche della possibilità di prendere in mano la propria vita. L'individuo in queste condizioni rischia di vedere compromessa la propria forza di carattere e la propria autostima: il suo io è in balia di fattori esterni ed è atterrito dalla paura.

La miseria è mancanza di strumenti morali, è una disumanizzazione che, come insegna la storia, non riguarda solo chi è indigente, ma può colpire anche il ricco, basti pensare alle persone patologicamente ossessionate dal desiderio di possedere sempre di più che sono insensibili verso gli altri.

Nello svolgimento della propria attività educativa è necessario operare prestando attenzione ad alcuni aspetti.

Innanzitutto, è importante evitare di adottare, anche nel piccolo, una politica di «colonizzazione», che a volte si nasconde bene negli ideali di aiuto allo sviluppo, di progresso culturale, di miglioramento immediato delle condizioni economiche, ma che, in realtà, non offre all'Altro la possibilità di essere protagonista di un percorso di crescita autonomo.

In secondo luogo, è necessario evitare l'eccessiva istituzionalizzazione dell'aiuto, che crea altre forme di dipendenza.

In terzo luogo, coloro che gestiscono gli aiuti, il potere e il controllo devono creare infrastrutture durevoli: solo in questo modo, infatti, è possibile arrivare al momento in cui l'aiuto esterno non serve più e la persona, la popolazione o il Paese possono procedere e progredire autonomamente. Agendo in questo modo si permette all'Altro di progettare nel lungo periodo e di sentirsi protagonista del proprio destino nel proprio contesto di vita.

In quarto luogo, è importante studiare il territorio dove si interviene, non limitandosi a registrare le situazioni di povertà, ma cercando di individuare le cause dell'impoverimento: infatti, il rischio è quello di curare i sintomi, ma non la malattia, il che si traduce, ancora una volta, nell'impossibilità, da parte dell'Altro, di diventare autonomo. Studiando invece le caratteristiche del contesto è possibile intervenire non solo a livello di singole situazioni, ma anche a livello sistemico.

Queste sono le variabili che ci si deve impegnare a cambiare ed è anche per raggiungere questo scopo che è importante studiare e approfondire le conoscenze dei territori e dei contesti sociali in cui si va a operare.

È importante essere sempre attenti a non esportare una visione del rapporto tra economia e tecnologia legato solo alla logica dell'espansione fine a se stessa, piuttosto che dei bisogni del contesto sociale: a volte questo accade inconsciamente, perché si è immersi nella nostra cultura, per la quale il progresso è ciò che permette di produrre sempre di più.

Questo non significa rifiutare qualsiasi forma di tecnologia e di incremento economico, ma significa che è necessario contestualizzarla, rendendosi conto di quali sono i bisogni reali delle popolazioni.

Esiste uno squilibrio tra gli aiuti esterni e la percezione soggettiva e sociale dei problemi; spesso gli interventi sono progettati tenendo in considerazione i bisogni che, nella propria società, vengono considerati fondamentali, senza prestare attenzione alle caratteristiche del contesto, della cultura, della società destinataria: non necessariamente quelle che per noi sono delle necessità pressanti sono tali anche in altri contesti.

Per intervenire in maniera adeguata, quindi, è importante osservare e comprendere quali sono le necessità realmente percepite dalla popolazione, senza dare nulla per scontato: ogni aiuto che si porta deve essere commisurato alla percezione del bisogno del singolo e del contesto sociale.

A tutte queste dimensioni si ricollega lo scarso protagonismo della persona o della popolazione direttamente interessata dal problema: nella gestione delle iniziative, è necessario lasciare spazio anche a coloro che vivono nel contesto in cui si interviene e che sono i destinatari diretti dell'intervento.

Alla luce di tutto ciò, è necessario rivedere i paradigmi di intervento e avere un pensiero lungimirante, che vada oltre la contingenza e l'emergenza e abbia una prospettiva di lunga durata.

La vulnerabilità in tutti noi e negli operatori socio-educativi

La vulnerabilità è una dimensione intrinseca della vita umana: non c'è niente di inattaccabile, qualsiasi cosa è sotto la protezione e la cura di tutti.

La solidarietà e la reciprocità sono la forza della vita e di tutte le creature, che, nella loro fragilità, sono caratterizzate dalla dimensione del bisogno e nello stesso tempo dalla possibilità di fare qualcosa per aiutare e proteggere l'altro, in uno scambio vitale che si chiama «civiltà».

La comunità sociale è il luogo all'interno del quale la vulnerabilità può divenire anche una risorsa. Quindi, la vulnerabilità può essere sia negativa, in quanto legata alle dimensioni del bisogno e del desiderio, sia positiva, quando rappresenta una visione realistica di sé e uno stimolo da utilizzare.

Pur riferendosi all'unitarietà della persona, è possibile identificare diversi tipi di vulnerabilità: fisica, psicologica, sociale, morale (la vulnerabilità dell'uomo al male), spirituale (l'affettività, la razionalità, l'intelligenza, l'animo, la fede ecc.) ed essenziale (anche detta ontologica, cioè tutto ciò che fa di noi degli esseri finiti).

Secondo filosofi e studiosi la vulnerabilità non è solo di ogni singola vita, ma è propria della vita in generale: la vita in sé, così come la conosciamo e la concepiamo, è vulnerabile. È comparsa sulla terra nel corso del tempo, si è evoluta, è in continuo cambiamento perché senza disposizione al cambiamento sarebbe scomparsa da milioni di anni sotto la pressione del variare delle condizioni ambientali.

Entro questo orizzonte tanto vasto, la vulnerabilità è una categoria umana, antropologica, che diventa anche pedagogica. Ogni atto comunicativo e educativo ha a che fare con l'interrogativo che riguarda l'essere umano, come egli è, come può essere accompagnato, quali sono le strade possibili per la sua realizzazione.

In quest'ottica rientra, oltre alla visione antropologica, anche quella teologica, che apre l'orizzonte di una speranza che non a caso si proietta verso il futuro superamento definitivo di ogni limite.

La vulnerabilità, dicevo, può essere anche l'opportunità che ha l'uomo di andare contro la sopravvalutazione di se stesso e contro la tentazione dell'autosufficienza. La vulnerabilità rende possibile la virtù dell'umiltà.

Il dramma dell'uomo moderno e la fatica del suo esistere oggi consiste nell'essersi reso schiavo di un'altra vulnerabilità, che è quella dell'imporsi come obbligo la carriera, il successo e addirittura la perfezione, cadendo vittima del disorientamento e dello smarrimento valoriale. In questo orizzonte, infatti, nulla ha davvero valore se non l'apparire, il possedere, il potere e il godere: una deriva che, esaltando l'uomo forte, ha aperto la strada ai totalitarismi e oggi costringe le coscienze a un costante senso di frustrazione.

La vulnerabilità può essere una risorsa per l'uomo perché ha a che fare con la dimensione della «resilienza».

Si tratta di un concetto della fisica, secondo cui alcuni materiali, sottoposti a forti traumi, tendono a riacquistare la forma originaria. L'idea è stata fatta propria dalle scienze umane, soprattutto dalla psicologia, per spiegare che anche le persone, in particolar modo i bambini, pur essendo sottoposti a forti traumi (violenze, guerre, malattie ecc.), non vengono irrimediabilmente segnate, nel senso che, nonostante tutto, non perdono interamente le risorse necessarie a reagire a una data situazione. È sulle risorse dell'individuo che l'educatore deve scommettere, in quanto rappresentano il potenziale residuo della persona, grazie al quale essa è in grado di resistere e di reagire.

La resilienza fa parte della predisposizione originaria di ogni uomo per la vita e per ciò che la conserva. In questo potenziale residuo della persona si sprigiona tutta la vocazione dell'uomo a voler sopravvivere anche ai traumi più devastanti. Esiste una vocazione originaria dell'uomo a rimanere nella vita, a conservare la fiducia, l'apertura, la socialità contro la spersonalizzazione e l'annientamento.

In questa forma di resilienza, è implicito il senso morale (che è espressione della vocazione originaria dell'uomo per ciò che afferma la vita invece che distruggerla): la responsabilità etica è, innanzitutto, nei propri confronti, ma anche nei confronti dell'Altro. Secondo Lévinas, questa chiamata etica precede la volontà della persona, nel senso che essa è all'interno di un progetto storico che non dipende dall'uomo, ma è originario: ciò significa che un uomo non decide di essere responsabile nei confronti di una persona che ha davanti a sé, ma si sente tale dal momento in cui si trova di fronte a un'altra persona: può dire «no» al bisogno dell'altro, ma sa benissimo che sarebbe suo dovere mettersi a disposizione, nei limiti delle proprie possibilità.

Ogni individuo avverte il proprio senso di responsabilità nei confronti degli altri. Il fatto che la chiamata a essere responsabili verso il prossimo sia originaria e preceda la volontà dell'individuo non significa che quest'ultima sia annullata: infatti, pur essendo vero che la presenza di una seconda persona richiami immediatamente l'individuo a essere responsabile di questa persona, è anche vero che questa chiamata si concretizza solo attraverso l'impegno, e quindi la volontà, dell'individuo stesso, il quale potrebbe anche decidere di voltarsi dall'altra parte, far finta di non vedere e non fare nulla.

Quindi, se è vero che la vulnerabilità essenziale è anche lo stimolo che muove alla ricerca, alla crescita e all'impegno (di cui l'immaginaria vocazione alla responsabilità morale verso l'Altro è l'espressione concreta), allora il tradimento di tale impegno rappresenta una ferita che non riguarda soltanto l'educazione della singola persona, ma ha una ricaduta sociale e ontologica: chi non risponde alla chiamata morale non tradisce solo la persona verso cui ha mancato, ma, in senso più ampio, tradisce tutta la dimensione sociale e, di conseguenza, la vita stessa, il senso antropologico-ontologico dell'essere e dell'esistere.

Ciò è vero per tutte le religioni, soprattutto quelle monoteiste, ed è un concetto particolarmente presente nella religione ebraica (motivo per cui gli ebrei dicono che «chi salva una vita, salva tutto il mondo»): nella nostra cultura, per esempio, il peccato di Adamo ed Eva non si è limitato al loro conflitto con Dio, ma si è tramandato a tutti gli uomini venuti successivamente. È diventato ereditario.

Coloro che vivono una prossimità educativa e svolgono una professione in questo campo possono andare incontro a una ferita nella propria identità umana e professionale, nella propria competenza e, a livello psicologico, nella propria sensibilità.

Anche chi si reca in un luogo per aiutare, facendo qualcosa di concreto per la popolazione, va incontro a questo tipo di vulnerabilità: spesso si parte con entusiasmo, si arriva a destinazione per calarsi a pieno nella realtà del territorio e, subito dopo il primo giorno, si percepisce il desiderio di tornarsene a casa e di abbandonare tutto, perché non ci si sente all'altezza della situazione.

Ciò accade perfino nella vita di tutti i giorni, quando, per esempio, si ottiene un lavoro e, nonostante lo si sia tanto atteso e desiderato, durante i primi giorni ci si pente della propria decisione e si vorrebbe dare subito le dimissioni.

Le ferite, o le potenziali ferite, possono colpire nei momenti più inaspettati, e quando ciò accade si mette in gioco la propria vulnerabilità e la propria resistenza alla vulnerabilità. C'è chi, ai primi ostacoli, si ferma e comincia a rimuginare. Altri, nella medesima situazione, hanno delle risorse in più, che permettono loro di accettare che sia necessario un momento di adattamento (nel quale predomina il disorientamento) e di comportarsi di conseguenza.

In tutte le situazioni nuove della vita, soprattutto in quelle di frontiera, è indispensabile un periodo, più o meno lungo, di adattamento, nel quale si fa la conoscenza del nuovo contesto e delle persone che ne sono coinvolte. E adattarsi, a volte, significa sperimentare la vulnerabilità.

Inevitabilmente la vita educativa, la vita in istituzione e, in generale, la vita in un gruppo comportano l'interazione con gli altri e, a volte, presuppongono che le persone coinvolte nella relazione debbano «aggiustare il tiro» tra di loro (una sorta di accomodamento reciproco). Per interagire è necessario conoscersi e, per fare ciò, è possibile che si debbano attraversare dei momenti non facili.

La fase di adattamento iniziale presuppone che vi sia un periodo caratterizzato da un processo circolare di vicinanza e lontananza, da noi stessi e dagli altri.

Nelle esperienze un po' forti si è costretti a un riequilibrio costante tra ciò che si sa, ciò che ci viene detto dagli altri e ciò che si dice agli altri.

Prima ancora della fase del dire, però, c'è la fase del sentire, nella quale si hanno delle intuizioni, che non sempre si riescono a verbalizzare.

Nella prima fase, durante il processo di avvicinamento/allontanamento, è necessario tastare il terreno con prudenza e pazienza: è fondamentale conoscere il territorio dove si è giunti, la gente che ci vive, gli altri operatori presenti e così via; in definitiva, in questo periodo, è necessario conoscersi e, per fare ciò, bisogna frequentarsi, in quanto solo così può avvenire quel processo di accomodamento a cui si è accennato.

Questa vulnerabilità, positiva o negativa, del primo impatto è estremamente importante, ma non deve essere considerata come un elemento imprescindibile, che si deve avvertire per forza: non c'è assolutamente niente di forzato, è una cosa del tutto naturale.

L'indeterminatezza dei primi due o tre giorni, che provoca disorientamento, ha una funzione fondamentale, che è quella di aiutare a mettere a fuoco la situazione, iniziando a individuare gli obiettivi da raggiungere e, in un secondo momento, a pensare ai possibili interventi.

Nei primi giorni, però, si ricevono anche degli input importanti che iniziano, inconsapevolmente, a lavorare dentro di noi.

I primi giorni devono essere sfruttati per comprendere quali sono le questioni più urgenti da affrontare, separandole da quelle che, invece, possono essere rimandate: infatti, può accadere che, quando si arriva in una nuova realtà, si percepisca tutto come urgente e indispensabile e solo iniziando a conoscere il luogo, le persone e la cultura ci si rende conto di ciò che è veramente prioritario, liberandosi dai pregiudizi che ci si porta dietro, i quali non sono necessariamente negativi, ma sono affrettati e costruiti a tavolino.

Questo è un lavoro non di sintesi, ma di analisi attenta della situazione, in cui si arriva a confrontare, poi, ciò che si è, ciò che si sa e le proprie competenze e qualità umane.

Passati i primi giorni, quando la situazione è un po' più chiara, è importante prendere in mano le cose, individualmente e in gruppo: quindi, se si parte da soli, è bene trovare presto qualcuno sul posto (un altro educatore o gli abitanti del luogo) con il quale parlare; se, invece, si parte in gruppo, è importante trovare quotidianamente uno spazio, anche solo di 5/10 minuti (preferibilmente alla sera), nel quale fare il punto della giornata, parlare dei problemi educativi riscontrati, ricevere delle conferme o smentite, parlare dei vissuti più opprimenti e così via. Questo lavoro di condivisione delle sensazioni e opinioni è importante, soprattutto per coloro che prevedono di fermarsi a lungo, perché serve, nell'arco dei giorni, a precisare meglio l'obiettivo.

Essere pronti al cambiamento, senza rinunciare a se stessi

Noi siamo costantemente soggetti a un cambiamento, a una innovazione. Non possiamo stare fermi su alcune idee e su alcuni concetti, dobbiamo sempre evolvere, camminare, procedere.

Quando parliamo di educazione, quando ci poniamo educativamente, quando ci poniamo problemi sull'uomo, sull'educabilità dell'uomo, ci sono due componenti fondamentali che interagiscono fra loro: c'è qualcosa che permane e c'è qualcosa che diviene.

L'essere e il divenire.

Lo sapevano già gli antichi, noi siamo solo dei ripetitori: ripetiamo alle volte cose che sembrano nuove perché cambia la realtà.

Ciò che permane e ciò che diviene sono due aspetti estremamente importanti. Noi ci sentiamo quasi costretti a cambiare e a innovarci costantemente. Meglio controllare questa ventata di innovazione, meglio fermarsi un po' e tenere dei punti fermi: le proprie convinzioni, le proprie teorie e concetti, la tradizione, la cultura. Ciascuno di noi deve tener fermo il proprio io, la propria persona, che è fatta di natura, di cultura, di esperienze, di tante cose. Guai se di fronte a un'esperienza nuova, un'esperienza limite scioccante, ciascuno di noi si lasciasse immediatamente annientare dal nuovo.

Noi dobbiamo essere assolutamente convinti che, quando partiamo per fare esperienze in Paesi lontani, abbiamo qualcosa di nostro al quale non dobbiamo affatto rinunciare. Non dobbiamo rinunciare al nostro patrimonio personale, alla nostra identità, a quell'io che a un certo punto deve diventare oggetto della nostra riflessione.

Di fronte a situazioni limite, come interpretare la realtà alla luce di ciò che siamo senza lasciarci prendere fin dall'inizio dalla crudezza che ci troviamo di fronte? A questo punto subentra una fase estremamente importate che è l'auto-oggettivazione: fare di noi stessi un oggetto di conoscenza e di nuove interpretazioni. Non è tanto chiedersi «chi sono io?», quanto fare ricerca su di sé, dove il mio io non è dato per scontato. Occorre, insomma, un ripensamento sulla mia persona e sulle mie posizioni, idee e valori. È questo il momento in cui nelle realtà limite si entra in crisi, perché si avverte una discrepanza tra una certa tranquillità acquisita (identità) e la nuova esperienza.

Qualcosa si incrina a livello di significati, di senso.

La novità

In educazione l'impatto con la novità è un fatto importantissimo. La novità può essere la persona nuova che io incontro, ma può essere anche il contesto, talmente conturbante, talmente povero che quasi ci porta a trascurare le singole persone per mettere in evidenza soltanto la realtà che abbiamo davanti.

L'impatto con il nuovo mi pone problemi talmente radicali che la mia cultura, la mia preparazione, la mia formazione sembrano subire un taglio alla radice. E quando la novità provoca questa ferita è un fatto importantissimo.

Il nuovo ci cambia sempre, non ci lascia mai nella nostra integrità. La nostra persona, la nostra personalità sono unità, ma sono anche in divenire. L'esperienza della vita e del mondo è continua, la persona è una dimensione aperta, non chiusa.

La novità ci presenta una schermata di notizie, non solo problematica, ma a volte ingestibile, anche dal punto di vista educativo. In questo caso la novità ci spinge a cercare soluzioni, a essere creativi: ci mette sulla strada di una «pedagogia prospettica».

La novità elaborata dal punto di vista pedagogico fa i conti con un grosso interrogativo che coinvolge tutti: l'educabilità umana, attributo fondamentale del discorso pedagogico.

Educare non è solo un processo interiore personale di alcune persone in alcune situazioni. L'educabilità umana è di tutti gli uomini e di tutte le istituzioni. Ogni uomo ha come suo attributo l'educabilità. Educare se stesso e educare gli altri. Nessuno si illuda di educare solo se stesso, o di lanciarsi in una specie di missione salvifica per salvare solo gli altri. Noi salviamo un po' gli altri, miglioriamo la situazione degli altri nella misura in cui siamo portati a prenderci cura di noi stessi e delle istituzioni. E viceversa.

Noi vogliamo andare a prenderci cura di noi stessi, degli altri e delle istituzioni con uno spirito e uno stile «senza frontiere».

Parliamo pochissimo di intercultura, di condivisione di valori, crediamo di dover andare verso gli altri dopo essere andati verso noi stessi per un po', senza nessuna frontiera, soprattutto mentale, ideologica e educativa. Non devono esistere frontiere e pregiudizi.

Senza frontiere, vogliamo partire per andare a costruire. Noi non vogliamo né cemento né mattoni. Noi andiamo nell'esistente. Utilizziamo l'esistente. Utilizzare l'esistente porta con sé qualche cambiamento: rinunciare alle comodità, per esempio.

Impatto emotivo

Viviamo in un contesto nuovo e la dimensione empatica scatta a tutti i livelli. Tuttavia, il nuovo affascina ma poi l'entusiasmo sbiadisce e inizia una fase di rifiuto dell'esperienza. È un rifiuto inconscio, che si esprime in atteggiamenti di autosufficienza, comportamenti reattivi, ripensamenti e la spinta a compiere troppo presto bilanci più realistici dei sogni che ci hanno messo in cammino.

Possiamo fare tante cose... ma come?

C'è una fase di incubazione delle idee: confronto, discussione. È la fase che ci costringe e rispondere a questa domanda: «Io cosa scelgo?».

Spesso questa domanda non si risolve entro i tempi di una prima esperienza all'estero. Ce la portiamo a casa. Ecco perché a volte, di nuovo a casa, non si vuole parlare dell'esperienza vissuta: non perché non si voglia ma perché non ci si riesce.

Infatti, le componenti dell'esperienza compiuta si rivelano molteplici e di enorme importanza: dal tema della povertà vissuta con dignità a quello della interculturalità, fino all'educabilità. Si scopre così che occuparsi di educazione non è occuparsi di qualcosa di meccanico e prevedibile, ma è come dedicarsi a un'opera d'arte.

Se non fosse così, l'educabilità scomparirebbe, per esempio in situazioni di grave povertà e mancanza di mezzi, ma l'educabilità non scompare neanche nelle situazioni più estreme. ESF tiene moltissimo a questo prerequisito imprescindibile di tutto il nostro pensare e agire.

Dopo l'impatto emotivo ed empatico, c'è lo stato confusionale, che, quando superato, porta all'ordine. Cominciamo dentro di noi a sistemare un po' le cose, perché troviamo nella dimensione della cura di sé e dell'altro un senso e valori comuni. Il senso comune dell'esperienza ci porta a cogliere valori comuni tra noi e loro: il valore della persona orienta i pensieri, gli sforzi, i progetti e le azioni.

Cogliere il senso comune non significa livellarci tutti. Significa procedere con discrezione e delicatezza, alleviando a livello personale e famigliare il dolore e la sofferenza, la fame e la sete, e combattendo l'ignoranza.

Il risveglio culturale deve essere sistemico. ESF non vuole frontiere, spera di non crearne e mira alla formazione articolata, che privilegia gli ultimi.

4

ESF è un laboratorio di idee sempre attivo: alcune parole chiave

> Tutto ciò che l'Io sa del mondo non proviene dall'Io, ma dal mondo.
> Perfino tutto ciò che l'Io sa di se stesso
> Proviene dal mondo e da quella parte viva del mondo che è il suo corpo, la carne
> [...]
> Per questo l'Io può sentirsi e comprendersi solo mediante le cose-che-sente e le cose-che-comprende.
>
> Ignacio Gómez de Liaño

A questo punto voglio offrire al lettore una testimonianza del professor Giuseppe Vico, per noi fondamentale, che ha tratteggiato quelle che possiamo definire le «parole chiave di Educatori Senza Frontiere».

E la propongo, per così dire, sottoscrivendola in pieno, assieme a tutti coloro che vivono l'esperienza di Educatori Senza Frontiere e, spero, a tutti coloro che stanno comprendendo che il futuro dell'umanità sta nello sviluppo dell'educarsi e dell'educare.

Educare e educatori

Le prime parole chiave di Educatori Senza Frontiere sono sicuramente il verbo «educare» e il sostantivo direttamente legato a esso, «educatori», ossia uno dei soggetti dell'educazione.

Il punto di partenza, infatti, è che, prima di ogni altra cosa, i volontari di Educatori Senza Frontiere sono educatori, ma non nel senso di coloro che portano la pillola della saggezza, che hanno tutte le risposte, ma nel senso espresso fino a qui: sono persone che si pongono in una posizione di silenzio e ascolto, cogliendo le ricchezze umane grandissime tra le miserie e le povertà che incontrano e che partono da queste ricchezze umane per prestare il proprio aiuto ad altre popolazioni.

Erranza educativa, errare, trovare, progettare

Lo spirito di Educatori Senza Frontiere è andare incontro ad altre persone, popoli e culture, cercando e scoprendo la vera essenza di ciò che si incontra, senza farsi influenzare troppo dai fattori oggettivi, delineando cammin facendo scopi e obiettivi, progettando un futuro migliore per le persone che si incontrano e, soprattutto, con le persone che si incontrano.

Gradualità e decisione

Le esperienze di viaggio nelle zone di confine devono essere graduali, devono essere assimilate lentamente, perché troppi stimoli contemporaneamente ci fanno fare indigestione: proprio per questo motivo è necessario che, almeno una volta al giorno (alla sera o mentre si è in viaggio), ci si trovi insieme per fare il punto della situazione, scambiandosi delle opinioni circa quanto si è visto, i problemi che si sono riscontrati, le emozioni e i sentimenti sperimentati. In questo modo ci si dà qualche input per il giorno seguente. Questa è una sorta di elaborazione graduale dell'esperienza, che ha, tra l'altro, l'obiettivo di insegnare a essere graduali, ossia in grado di progettare realisticamente ciò che deve essere fatto il giorno seguente, anche in funzione di quanto accaduto in quella giornata.

Rispetto alla decisione, prima di partire è necessario aver fatto un progetto dettagliato di quanto si vuole fare sul posto, giorno per giorno, gruppo per gruppo, avendo già preso tutti i contatti con le persone con cui si collaborerà. Avere un programma dettagliato è fondamentale per avere ben in mente i fini e gli obiettivi del viaggio e, di conseguenza, per saper affrontare tempestivamente ed efficacemente gli inevitabili inconvenienti che si presenteranno durante il cammino.

Il gruppo di volontari, quindi, deve essere in grado, in alcune situazioni, di prendere delle decisioni sul da farsi, e la formazione serve (oltre che per ascoltare le testimonianze di chi ha già vissuto determinate esperienze) anche per imparare a gestire le circostanze nei momenti critici del viaggio. In particolare, è fondamentale prevenire i rischi, ossia evitare di andarsi a cacciare in situazioni dalle quali si sa che è difficile uscire; la decisione è importante, ma è ancora più importante la prevenzione e la corretta valutazione dei rischi a cui si può andare incontro.

La decisione più bella, però, è quella di decidere di fermarsi e riflettere sull'esperienza che si sta vivendo: decidere di volersi rendere conto di ciò che si sta facendo, per arricchirsi, per smussare le difficoltà tra i viaggiatori, per alleggerirsi, decantarsi, liberarsi di una zavorra.

Trovare il proprio posto e trovarsi con gli altri

Mentre si cammina, è importante domandarsi, nel caso si decida di fermarsi in quel posto per un anno, che cosa si vorrebbe fare, che cosa si potrebbe fare e che cosa ci si sentirebbe di fare: questa è un'operazione importantissima, perché pone subito davanti a un problema di equilibrio, di bilancio (positivo o negativo). In questi casi, c'è chi parte per la tangente, volando in alto, e chi, al contrario, si butta a terra, non sentendosi all'altezza di fare nulla di utile in quella realtà: diventa quindi importante trovarsi e discutere insieme di quanto può potenzialmente emergere, perché ognuno, quando parte, si porta dietro il proprio fardello personale. Una persona timida potrebbe pensare di non poter essere di nessun aiuto, poi, quando viene inserita in una data attività, magari si comporta meglio degli altri, perché ha fatto un lavoro migliore su di sé, oppure perché ha delle attitudini nascoste che non aveva ancora scoperto.

La cosa più importante, però, è trovare il proprio posto all'interno del gruppo con cui si viaggia e ogni giorno studiare le giuste distanze tra sé e gli altri viaggiatori: ciò è importante per fare dei bilanci e per smussare i conflitti che possono sorgere con gli altri, conflitti che a volte sono inevitabili.

Trovare il proprio posto nell'ambiente e con le persone, quindi, significa anche aver trovato un posto dentro di sé, a cui riferirsi nei momenti di difficoltà: infatti, non sempre è possibile chiedere aiuto agli altri, fare una sorta di terapia quando si viaggia. La prima risorsa deve essere trovata in se stessi, nella propria identità, nella propria continua ricerca di un equilibrio: non bisogna diventare dei santi, ma non si può neanche aver bisogno, in qualsiasi momento, della presenza dell'Altro per parlare e confrontarsi. Ci sono dei momenti di solitudine che possono durare a lungo (non nel senso che si è fisicamente soli, si è poi sempre insieme, ma, da un punto di vista metaforico, il fatto di essere tra tante persone non significa necessariamente non sentirsi soli), ed è necessario costruirsi giorno per giorno delle risorse interiori.

Andare a cercare qualcosa che è in noi stessi significa avere fiducia e autostima, vuol dire essere convinti di avere un'identità, delle competenze, alcuni valori su cui fondare la propria esperienza. Così facendo, diventa anche più facile cogliere pregi e difetti altrui, virtù e vizi, miserie e grandezze: mentre uno si integra con il gruppo, magari riesce a conoscere anche meglio se stesso, diventando meno autoreferenziale, meno egoista, meno egocentrico, e può scoprire delle dimensioni di sé che fino a quel momento erano sconosciute.

Gli altri ci sono sempre, anche quando si è fisicamente soli (quando l'uomo dice, dice l'Altro). Si può anche essere soli nel deserto, ma il pensiero va agli altri (i propri cari, gli amici ecc.): quindi c'è da costruire il proprio posto nella cultura, nell'interazione con gli altri, con i loro pregi e difetti.

Trovare il proprio posto e trovarsi con gli altri vuole anche dire:

a. Conoscere e conoscersi continuamente.

È verissimo che in queste esperienze si conosce meglio se stessi, ma è anche vero che questo non può essere l'unico obiettivo e, soprattutto, non è possibile raggiungerlo se non si è disposti a conoscere e riconoscere l'Altro, un po' come fanno genitori e figli, educatori e educandi: in educazione l'interazione c'è sempre, anche quando l'educatore rappresenta l'autorità e ha più esperienza e competenza; nell'interazione con gli altri si conoscono gli altri e ci si conosce.

b. Partire ogni giorno e riflettere se tornare al punto di partenza o se andare più avanti (in senso reale e metaforico).

Quando si fanno viaggi di questo genere, a un certo punto si avverte la necessità di fare un viaggio culturale, nel senso di fermarsi a ripensare a quanto si è visto, fatto e provato: se non si fanno questi momenti di riflessione, l'esperienza si trasforma in un viaggio lineare (fatto di un susseguirsi di spostamenti da una tappa a quella successiva); fare questi viaggi, invece, vuole anche dire inserirsi in una sorta di rete (dove a volte si fa un passo avanti, un'altra volta si fa un passo laterale e un'altra volta ancora si fa un passo indietro). Entrare in questo tipo di viaggio è bellissimo, ma guai se non si riesce a trovare una via d'uscita, più che altro da un punto di vista psicologico. In questi momenti ci si sente poveri, senza strumenti interpretativi, in una condizione in cui ciò che si è visto innesca una crisi esistenziale di cui è essenziale parlare con gli altri: il momento della crisi è un momento fondamentale, durante il quale si ha la possibilità di far fare un salto qualitativo alla propria personalità.

Quando ci si trova in certe situazioni, è necessario anche essere in grado di cogliere il senso di quelle esperienze che, in quel momento, non ci dicono nulla, ma in realtà lasciano un segno indelebile: il segno lasciato da queste esperienze, poi, si apre a raggiera e porta a pensare a tante altre cose.

Quando si viaggia, un esercizio pedagogico importante è scrivere le proprie impressioni mentre le si vivono: durante un viaggio non si scrive un romanzo, ma è sufficiente riportare in maniera disordinata, su un quaderno qualsiasi, ciò che si prova per andare, una volta a casa, a riprendere quanto si è scritto. In questo modo, si recuperano a distanza emozioni e sentimenti.

Dato che la persona umana è in continuo divenire, quando si rileggerà il proprio diario di viaggio probabilmente ci si stupirà di aver scritto certe frasi. Essere in continuo divenire non significa che non si è più gli stessi, ma che si è rinati (nella vita, c'è una sola nascita biologica ma ci sono tante rinascite).

Quando si va in questi Paesi, gli altri sono la «luce dei nostri occhi», in quanto loro ci insegnano tante cose di valore essenziale. In quei luoghi si scopre la povertà come «ricchezza potenziale»: i cosiddetti «talenti della povertà», che noi, come Educatori Senza Frontiere, dobbiamo lentamente scoprire e valorizzare in noi e negli altri, perché gli altri ci manifestano la loro povertà e noi scopriamo di non essere più capaci di essere poveri in senso evangelico.

Quando si incontrano queste persone è importante lasciar perdere discussioni inutili e sforzarsi di scoprire le dimensioni più autentiche presenti in noi e in loro, al fine di esercitarsi insieme per crescere, per migliorare il contesto, per progettare qualcosa, per dare un aiuto concreto e, cosa più importante, per mantenere la promessa di tornare.

Quando i bambini e gli adulti vanno incontro ai nuovi arrivati, dopo avergli chiesto chi sono, da dove vengono e altre cose del genere, chiedono subito «quando tornate?»: per loro sembra essere estremamente importante sapere quando quelle persone nuove torneranno e, generalmente, i viaggiatori, rapiti dal contesto e fortemente intenzionati a tornare, non sanno dare una risposta.

c. Ricevere e donare.

È un dono già la nostra presenza, il sorridere ai bambini, giocare con loro, portare loro qualche cosa, fare un'offerta al capo tribù o al sacerdote che lavora in quel luogo ecc.

Accanto al donare, però, è necessario inserire un altro termine, sul quale non si è, fino a oggi, riflettuto a sufficienza: restituire. Si deve andare in quei luoghi non solo con lo spirito di donare, di vivere con loro, di aiutare a risorgere e a migliorare, ma anche con il senso di restituire qualcosa che indubbiamente la nostra civiltà ha sottratto a quelle popolazioni (questo è un fatto storico e indubitabile). Tutti lo ammettono, ma il punto cruciale è fare il passo successivo, cioè restituire. In loro si deve risvegliare un barlume di perdono (si pensi a Nelson Mandela, che dopo 35 anni di carcere è uscito e ha perdonato; o a Desmond Tutu, un arcivescovo anglicano che ha fatto tanti anni di carcere, è uscito, ha fondato con Mandela il Movimento per la Liberazione del Sudafrica e ha scritto un libro intitolato *Non c'è futuro senza perdono*).

Educatori Senza Frontiere pone la dimensione del perdono come uno dei suoi cardini: prima di tutto per realizzarlo tra di noi e, in secondo luogo, per diffondere questa cultura nei luoghi che si visitano; le dinamiche come il trovare, il donare e il restituire trovano la loro sintesi nel perdono, e quando uno perdona apre prospettive nuove.

In Educatori Senza Frontiere questi verbi vengono considerati come il pane quotidiano, anche se ogni giorno, in ogni viaggio e in ogni esperienza, vengono costantemente rivissuti e rimessi in pratica: in questi anni Educatori Senza Frontiere sta crescendo forse proprio perché crede in questi valori, che sono elaborati nel tempo.

Tutto ciò deve servire per superare l'ultima parola: frontiere. È importante superare le frontiere fuori e dentro di noi, tra noi e gli altri, tra tutti gli uomini.

Un'associazione come Educatori Senza Frontiere ha nel DNA la dimensione del superamento delle frontiere, ma per fare ciò è necessaria la formazione. Formazione nel senso di vivere con gli altri, partire con gli altri, condividere ideali e valori di fondo che si possono vivere nella quotidianità e nell'ordinario della vita.

L'educatore è una persona di natura paziente e, se non lo è di natura, lo diventa, perché altrimenti non potrebbe fare ciò che fa.

Quando si va in zone di confine, prima di provare a considerare criticamente una certa realtà, la cosa fondamentale è sospendere il giudizio e liberarsi delle proprie certezze. L'intenzione di Educatori Senza Frontiere è andare in queste zone e, se possibile, progettare il ritorno, per ritrovare le persone, portare loro qualcosa e, soprattutto, restituire il fatto di averci permesso di realizzare un progetto che senza di loro non avremmo mai realizzato: questa è la cosa più bella che si possa immaginare.

«Dizionario» (incompleto) di Educatori Senza Frontiere

Esperto. Competente a proposito di cooperazione internazionale e di mobilità umana, quella che in questi anni connota la nostra civiltà. Conduce esperienze formative e interventi educativi in contesti dove le problematiche della cooperazione interculturale sono oggetto di nuova attenzione e di interventi sempre meglio finalizzati.

Ha solide competenze e conoscenze in scienze dell'educazione, con particolare riferimento alla progettazione di interventi, alle interazioni in contesti «diversi», alla programmazione di tempi, modi e strumenti per dare vita nell'«esistente» e con l'«esistente» a una collaborazione di competenze specifiche, finalizzata ad aiutare e a promuovere la cultura del *prendersi cura* delle persone e delle istituzioni.

Cooperazione. Dimensione imprescindibile del nostro tempo, della quale, in prospettiva di formazione universitaria, vanno poste in risalto, interpretate ed elaborate in ordine ai fini e agli obiettivi, ai metodi e agli strumenti, le componenti formative peculiari sul piano antropologico, etico-politico, linguistico, pedagogico e degli interventi in ambito di cooperazione, di condivisione e di progettualità finalizzati alla crescita umana, culturale ed economica di particolari contesti, attraverso l'attivazione di interazioni organiche con istituzioni universitarie e formative esistenti.

Ragazzi di strada. Problema storicamente presente in molti contesti mondiali, destinato a crescere nei prossimi 15/20 anni in conseguenza di una nuova fase di urbanesimo che provocherà l'esodo del 65/70 per cento della popolazione mondiale verso le grandi città, con tutti i problemi conseguenti per quanto concerne educazione, istruzione, baraccopoli, emarginazione dei bambini e dei ragazzi, aumento dei ragazzi senza genitori, condizioni igienico-sanitarie ecc.

Ai ragazzi di strada vanno aggiunti i «bambini-soldato», in numero assai rilevante e destinati ad accrescere il fenomeno dei ragazzi di strada, apportandovi connotazioni nuove e tratti di violenza fino a oggi poco conosciuti.

Educatore. Si educa per ciò che si è e l'educatore è un testimone: nelle sue paure e difficoltà testimonia la coerenza su alcune cose e la costanza in questa coerenza (dico una cosa e torno su quella cosa).

La costanza nella coerenza si fonda su alcuni valori fondamentali: l'amore per la verità, l'amore per sé, per gli altri e per le istituzioni, l'amore del bello. L'educatore è testimone di valori e tali valori devono essere tradotti nella pratica educativa.

L'educatore ha la grande elasticità mentale di passare dalle grandi idee alle piccole realizzazioni: il fatto che siano «piccole realizzazioni» non significa che siano poco importanti, anzi esse rappresentano gli elementi fondamentali dai quali partire per raggiungere il maggior sviluppo possibile dell'individuo.

L'educatore, prima di tutto, è una persona e, in quanto tale, non è perfetto e non è immune dallo sviluppo di simpatie e antipatie: quando ciò accade, è fondamentale che l'educatore metta a frutto la propria competenza per gestire al meglio queste situazioni, al fine di non dare esempi di ingiustizia educativa, che, se prolungata nel tempo, può provocare dei danni molto gravi.

L'educatore deve disporre di una valenza creativa, perché, in un certo senso, egli è un creatore, così come una mamma è una creatrice: dal rapporto tra due persone, anche se con un materiale grezzo a disposizione (la parola, il metodo, la funzione intenzionale ecc.), si può dare vita a delle piccole opere d'arte.

Povertà. Educare un bambino è una piccola opera d'arte, così come è un'opera d'arte vivere quotidianamente in una condizione di povertà (con pochi strumenti, poco pane, poca acqua, nessuna istruzione ecc.). Può sembrare paradossale sostenere che la povertà è un'opera d'arte, ma vivere tutti i giorni nella miseria, riuscendo comunque a portare avanti aspetti della vita come l'amore per i bambini, l'educazione dei figli, il lavoro quotidiano (quando c'è), è difficile e, per riuscirci, è necessario in un certo senso essere dotati di un talento particolare.

Quando si parla di artisti, subito si pensa a personaggi come Leonardo Da Vinci (che sicuramente è un grande artista), ma, riflettendoci un attimo, ci si rende conto che è un'artista anche la madre che alleva 5 o 6 figli in condizioni di miseria (è un'artista dell'educazione) e sono artisti anche i suoi figli, i quali, seguendo il suo esempio, si creano come persone.

Il talento della povertà, che fa sì che la vita nella miseria diventi un'opera d'arte, può essere considerato come la dimensione positiva della povertà. Non tutti, però, sono in grado di cogliere questa dimensione infatti, non tutti si rendono conto che saper vivere nella sofferenza, mantenendo la propria identità e dignità, è un talento.

Riconoscimento e accoglienza. È un problema di riconoscimento della dignità altrui: a questi poveri la dignità non gliela conferisce nessuno, ce l'hanno loro in quanto persone e la manifestano attraverso alcuni piccoli gesti, compiuti nella vita quotidiana; per esempio, manifestano la propria dignità vestendosi di tutto punto, indossando l'abito migliore per andare dal medico (magari una volta l'anno) e lavando i bambini con quel poco di acqua sporca di cui dispongono, come se si preparassero ad andare a una grande festa.

Saper educare significa, innanzitutto, saper cogliere questi aspetti: infatti, si possono mettere a punto progetti, metodi, strumenti e così via, ma se manca questa capacità finisce tutto, viene meno quella che viene definita «l'accoglienza del problema dell'Altro».

La persona, però, viene prima dei suoi problemi: l'accoglienza dell'Altro deve prescindere dai problemi, anche se è vero che, quando si accoglie un bambino, l'educatore vede subito le sue criticità e vuole conoscerle meglio. Ma è fondamentale andare oltre, vedendo, considerando e valorizzando le caratteristiche, le abilità e le qualità della persona, che sono sicuramente presenti.

L'accoglienza è un atteggiamento reciproco: infatti, pur essendo vero che l'educatore accoglie l'educando, è anche vero che, allo stesso tempo, l'educando accoglie l'educatore, decidendo di affidarsi a lui e di condividere i propri problemi e desideri. La differenza tra educatore e educando sta nel fatto che il primo ha una marcia in più (data dalla sua competenza ed esperienza), che gli permette di fare in modo che l'accoglienza sia distribuita egualmente tra tutti e sia personalizzata.

Ci sono, però, situazioni nelle quali un individuo non si sente nel cuore di nessuno (per esempio, un bambino che cresce in una baracca, dove abitano altri 5 o 6 bambini): in questi casi, la persona, per vivere, può solo decidere di cambiare ambiente, cercandone uno dove vi siano individui con cui può almeno tentare di instaurare una relazione significativa (entrando nel loro cuore e nella loro persona).

Il primo obiettivo di un Educatore Senza Frontiere è quello di andare, di mostrarsi aperto: accogliere fondamentalmente la persona dell'Altro e, con essa, i suoi problemi e quelli del suo contesto. In questo modo si riesce a entrare nel micro-sistema (pieno di simboli e significati) in cui queste persone vivono, allargandolo e, quando se ne hanno le capacità, inserendo qualcosa di nuovo (una parola, un libro, un giornale, un pezzo di pane ecc.): questo è il processo attraverso cui è possibile modificare le dinamiche di questi sistemi, influenzando la vita degli individui che ne fanno parte.

È importante, però, stare bene attenti a ciò che avviene, in quanto quando si inserisce una variabile nuova all'interno di un sistema non è possibile conoscere a priori ciò che accadrà in esso e quindi è necessario essere pronti a rispondere a tutte le questioni che si vanno via via creando. Quando si entra in un sistema nuovo, oltre a cambiare le dinamiche interne, cambia anche la vita del nuovo arrivato: subisce una vulnerabilità positiva, che lo obbliga a ricostruirsi (sono processi che avvengono anche nella vita di tutti i giorni, ma spesso non ci si fa caso).

Persona. La distinzione fatta in precedenza tra «persona» e «problemi della persona» è solo metodologica, perché, come già detto, quando si accoglie un individuo vengono subito agli occhi i suoi problemi: è comunque importante averla bene in mente, per non rischiare di dimenticare la persona con i suoi problemi. Se non si ha in mente la distinzione tra «persona» e «problemi della persona», il rischio è di creare degli stereotipi e classificare gli individui in base a essi, valutandoli solo in funzione delle loro caratteristiche esteriori, che, però, non sono rilevanti.

In pedagogia si dice che non si può parlare di «persona» se non la si trasforma immediatamente in «personalità», in carne e ossa, inserita in un contesto di vita, circondata da persone con le quali interagisce ecc. Nell'educatore deve essere presente questa complementarità tra teoria e realtà vissuta e visibile.

La persona è un valore insostituibile, che i fattori esterni non annientano mai completamente: un uomo che violenta mille bambini continua a rimanere, nonostante tutto, una persona e, in quanto tale, continua ad avere la possibilità di redimersi. Non si può mai dire, dall'esterno, ciò che accade nell'interiorità di ciascuno di noi, quindi, rispetto all'esempio precedente, l'unico giudizio che si può esprimere su un individuo che ha violentato dei bambini è che è una persona che si è costruita male, che, anziché educarsi, si è diseducata.

Erranza. Da un punto di vista educativo, per errare è necessario:

a. Non riempirsi troppo.

L'educatore deve saper fare tante cose, ma è importante che ne identifichi alcune su cui concentrarsi e in cui spendersi per distinguersi, esprimendo le proprie attitudini e motivazioni. L'importante non è realizzare tante cose, ma che quelle compiute siano ben elaborate e ben fatte.

b. Lasciare che gli altri irrompano in noi.

Un educatore, soprattutto in contesti diversi dal proprio, non dovrebbe avere nessuna frontiera: dovrebbe lasciare che gli altri irrompano (nel senso di entrare, prendere spazio, ricevere attenzione) nella sua persona, con le loro parole, i loro gesti, i loro sguardi ecc., disponendosi così all'ascolto e alla reale progettazione da attuare.

L'educatore, quindi, deve lasciare che gli altri irrompano nella propria persona (rompendo anche le scatole). Per fare ciò, però, è necessario che l'educatore sia interessato all'Altro e a ciò che l'Altro dice. Ed è accettando anche la sua diversità e il fatto che le proprie parole potrebbero essere messe in discussione che l'educatore è davvero presente nel suo lavoro.

L'educatore, quindi, deve essere concreto e fare delle scelte: non è vero che deve dividere l'attenzione in modo eguale verso tutti. Infatti, pur essendo vero che deve occuparsi di tutti, è anche vero che la sua azione educativa deve essere diretta prevalentemente a coloro che hanno più bisogno di altri in un dato momento o in una data situazione. Questo è importante quanto il superamento delle frontiere delle simpatie/antipatie: ciò non significa che l'educatore non possa averne (l'educatore è un essere umano, per cui è impensabile che non abbia delle simpatie o delle antipatie, nemmeno se si impone di farlo), ma che deve essere discreto e in grado di gestire la situazione, senza cadere nell'ingiustizia e nell'ironia.

La formazione deve essere personalizzante, nel senso che l'educatore deve mettere tutti nelle condizioni di formarsi e di vivere pienamente le varie dimensioni della formazione (emotiva, relazionale, psico-affettiva).

c. Elaborare tutto ciò che si vive nei contesti formativi.

Tutto ciò che si vive nei contesti formativi, tra noi e tra noi e gli altri, deve essere elaborato, in quanto rappresenta un terreno di lavoro molto fertile.

Pedagogia itinerante. Nella pedagogia itinerante si deve ragionare e riflettere su concetti molto alti mentre si è in movimento, mentre ci si sposta. A questo proposito è importante:

a. Sentirsi in un posto.

b. Porsi delle domande.

Circa i cambiamenti che ha provocato in noi la formazione (chi siamo, chi siamo diventati, che strada dobbiamo prendere ecc.): questo non rappresenta un ritorno a se stessi, ma un avvertire che in noi si rigenera qualcosa (diventiamo nuovi pur rimanendo noi stessi).

c. Studiare come spendersi in formazione.

Sin dall'inizio abbiamo detto che la formazione in Educatori Senza Frontiere è centrale, ma fare formazione, pur essendo bello, è un'attività difficile e pesante, che richiede di mettersi in gioco. Per fare bene formazione l'educatore deve essere innanzitutto interessato al tema dell'educazione e agli educandi (l'educatore non può «fregarsene»).

Quando raggiungiamo questi livelli diventiamo:
1. Più umani, nel senso di esperti di cose umane, quindi più formati.
2. Più ricchi di altri e di Altro, perché la sola presenza dell'Altro ci arricchisce: questo significa abbandonare il nostro egocentrismo e il nostro egoismo, per lasciare che gli altri irrompano in noi.
3. Più aperti e disponibili alle piccole cose della vita, così come a quelle più alte, ai valori e agli ideali.

Relazione educativa. L'orizzonte della relazione umana di chi si educa e vuole educare si allarga a spazi veramente grandi, aspira a interazioni molteplici, rischia sui desideri alti, sulla scommessa apparentemente senza risposta ma sulla quale, paradossalmente, anche nella nostra società «conviene» pur sempre scommettere: qual è il fine? Perché lottare? Perché rischiare? Chi ci garantisce che l'esito finale del compito educativo dell'esistenza troverà una ricompensa?

Questi sono interrogativi comuni per ogni uomo che vuole ricercare il fine per cui vivere e educare-educarsi, e che desidera al tempo stesso trovarsi accanto a compagni di viaggio, a persone disponibili all'erranza umana nella quotidianità, a uomini e a donne ai quali è già presente e chiara l'importanza di accogliere la vita e volerla amare, seguire, prendersene cura.

Formazione. La fase formativa è molto importante, perché crea un substrato culturale che ci permette non certo di fare miracoli ma di disporre di una strumentazione conoscitiva e interpretativa utile per conoscere dei talenti, presenti in noi stessi, che finora non abbiamo mai scoperto e, forse, neanche mai cercato.

Nello specifico di Educatori Senza Frontiere, la formazione ha l'obiettivo di consolidare la tensione all'erranza, alla partenza, all'incontro con altre persone per lavorare in un determinato orizzonte di senso. La formazione punta quindi alla costruzione di una disponibilità, intesa come aprirsi ai problemi altrui che, in fin dei conti, sono i problemi dell'uomo.

In realtà siamo già formatori: ogni esperienza ci ha formati, ci forma costantemente e ci spinge a dare forma alle nostre relazioni e all'apporto che sentiamo di poter dare alla crescita degli altri.

Lo sbocco naturale a cui stiamo arrivando come associazione è quello di diventare tutti formatori di noi stessi e degli altri. Dato che la formazione è un concetto cruciale, è necessario definirlo, partendo, innanzitutto, dalla definizione di cosa *non* è formazione: la formazione non è insegnamento; le dimensioni dell'insegnamento e dell'apprendimento intervengono successivamente.

Fatta questa precisazione, la formazione può essere definita come «l'azione diretta alla costituzione di una forma»: la formazione, infatti, è il processo attivo mediante il quale si cerca di dare una forma sempre più umana a noi stessi, che siamo già uomini, e di aiutare il prossimo, che è già umanità, a diventare sempre più umano. Aiutare quindi tutti coloro che ci circondano, attraverso l'interazione educativa, a diventare sempre più uomini. Pindaro, in una sua poesia, afferma che «l'uomo diventa sempre più uomo», e anche Giovanni Paolo II, rispondendo alla domanda «Che cos'è la cultura?», disse che la cultura è tutto ciò che rende l'uomo sempre più uomo (frase che si adatta perfettamente a Educatori Senza Frontiere).

L'affermazione «l'uomo diventa sempre più uomo» non è una tautologia, in quanto l'umanità che è in noi è un talento da spendere: noi nasciamo uomini, ma dobbiamo anche diventare uomini, così come nasciamo liberi, ma dobbiamo diventare liberi. Libertà e dignità sono talenti che abbiamo sin dalla nascita, ma devono essere esercitati attraverso la propria educabilità.

L'uomo è in costante formazione: fin dal momento in cui viene fecondato, si forma attraverso l'interazione con gli altri, dai quali riceve consigli e sollecitazioni.

La formazione, però, a un certo punto, deve specificarsi (non specializzarsi), nel senso di organizzarsi, mettersi dei paletti e, soprattutto, ordinarsi a un fine: una formazione senza un fine si svuota immediatamente di significato e, in realtà, non è nemmeno concepibile.

Il fine ultimo di Educatori Senza Frontiere è mantenere alto il tema della formazione in noi, negli altri e, soprattutto, nei contesti di povertà: per raggiungerlo è necessario specificarlo, individuando degli obiettivi a breve, media e lunga scadenza, nei quali ci impegniamo giorno dopo giorno.

Il fine ultimo, in realtà, non viene mai raggiunto, ma solo attinto, in quanto, nel momento in cui si raggiungono gli obiettivi intermedi, esso si sposta in avanti, perché naturalmente ci si fissa degli obiettivi sempre più alti. Questa è una cosa normalissima, che avviene sempre (si pensi al ragazzo, diventato adolescente, che scopre il mondo esterno alla sua famiglia e che si stacca dai suoi genitori per proseguire il suo cammino e porsi degli obiettivi sempre nuovi) e, in un certo senso, può essere definita come il fine ultimo della formazione, la quale ha proprio lo scopo di rendere l'educando autonomo rispetto all'educatore. L'esito più bello dell'educazione è raggiungere un punto di rottura pacifico, che porta un individuo a staccarsi da una certa realtà perché ha raggiunto il suo fine più alto e ha bisogno di altri stimoli.

Più si educa, più si dà spazio libero alle persone, che possono arrivare (ed è bene che ci arrivino) a non avere più bisogno dell'educatore.

L'umiltà è una virtù indispensabile per l'educatore, il quale deve accettare il fatto che quanto comunica didatticamente all'Altro non è un pacchetto di nozioni che deve essere accettato senza discussioni, ma che, al contrario, tutto ciò che dice può essere oggetto di confronto e può anche essere demolito dall'Altro.

Il concetto di formazione come «uomo che diventa sempre più uomo», con tutto ciò che gli sta intorno, ci porta alla dimensione bellissima del movimento costante dalla spersonalizzazione verso la personalizzazione: quando si legge qualcosa di molto bello, si ha subito la percezione che la nostra personalità non sia sufficiente per comprendere pienamente ciò che abbiamo letto (spersonalizzazione). Il passaggio dalla spersonalizzazione alla personalizzazione è un movimento costante di andata e ritorno: si percepisce la personalizzazione quando si sente di essere in grado di comprendere appieno quanto si è letto, sentito o visto, ma nel momento in cui entra in gioco un elemento di novità ecco che ritorna il sentimento di spersonalizzazione. È importante che l'educatore sia consapevole di questa dinamica.

La personalizzazione e la spersonalizzazione non sono movimenti meccanici, ma intenzionali, più o meno occasionali.

Generalizzando un po', quando noi partiamo come Educatori Senza Frontiere portiamo le nostre proposte progettuali, ma soprattutto partiamo con il cuore e la mente aperti non solo per lavorare con chi incontriamo ma per accogliere l'altro in un movimento circolare che dà e riceve nella condivisione.

Il rapporto educativo è, fondamentalmente, una restituzione in senso alto. Noi riceviamo da tutti: abbiamo ricevuto la vita, gli altri ci hanno dato molto e, studiando le povertà, ci vengono donate molte cose. È quindi importante elaborare il concetto di andare verso gli altri per restituire tutto ciò che abbiamo avuto. Questo atteggiamento non deve essere determinato dal fatto che noi ci sentiamo più fortunati di loro: non è questione di essere più o meno fortunati, qui la fortuna o la sfortuna c'entrano poco, qui si sta parlando di intenzionalità educativa o diseducativa.

Le povertà sono il frutto di precise volontà (educative o diseducative), di atteggiamenti a favore o contro l'uomo: quindi, la dimensione interattiva è sempre presente e ciò che dobbiamo fare è imparare questa non facile lezione. Si tratta di entrare in questo orizzonte di senso: io restituisco e, mentre restituisco, gli altri mi donano continuamente altre cose (anche nei conflitti, sia nei momenti belli che in quelli brutti). Quando si va in un Paese nuovo, è importante portare, vedere e ascoltare una dimensione già esistente.

Ascolto. Generalmente, si parte per vedere, che è molto bello, ma bisognerebbe esercitarsi non solo a vedere ma anche ad ascoltare, perché l'ascolto presuppone in noi quella funzione ermeneutica che permette di stare in ascolto anche dove c'è silenzio.

Il silenzio è una forma di linguaggio e ascoltare il silenzio ci pone nella condizione di entrare nella nostra interiorità: noi dobbiamo educare la nostra interiorità, nel senso che dobbiamo abituarci ad ascoltare anche tutto ciò che avviene in noi, ad ascoltarci, ad autooggettivarci (quante volte facciamo di noi un oggetto da osservare e ascoltare?).

L'essere umano non è al mondo e non è educatore solo per ascoltare gli altri, per passarli in rassegna, ma anche per ascoltare se stesso, per mettersi in discussione nel rischio educativo, perché solo entrando nella propria interiorità è possibile fare il passaggio formidabile dall'ascolto degli altri a quello di se stessi, stando bene attenti, però, a non esaurire tutto nella propria interiorità. L'interiorità apre all'ulteriorità, apre all'Altro e all'Oltre.

Quando si entra veramente in se stessi, e si avverte questa dimensione di fondo che richiama costantemente, per esempio, alla deontologia professionale, all'interazione con gli altri, al rischio educativo, ad aiutare l'Altro, immediatamente si avverte anche l'istanza a trascendersi, andare oltre a sé e attingere all'ulteriorità, ciò che è oltre rispetto a se stessi, ma che, in parte, costituisce il proprio Io: quindi, non si esce da se stessi per abbandonarsi, così come non si entra in sé solo per fare i conti con se stessi; tanta cultura di oggi finisce in questo circolo vizioso dell'interazione solo con se stessi o solo con gli altri.

L'educatore «senza frontiere» è colui che fa tutto questo ragionamento e poi, fondamentalmente, tende a trascendersi un po', a cogliere l'Altro e l'Oltre, dimensioni che vanno al di là della quotidianità, fornendoci dei paradigmi interpretativi formidabili, arricchendoci costantemente: qualcuno ha detto che per trascendersi, per andare oltre il proprio Io, la propria condizione, il proprio gruppo, la piccola comunità degli educatori, bisogna scendere nella realtà, nel senso che si arriva al bene dell'Altro, al rischio educativo, alla cura di sé, dell'Altro e delle istituzioni soltanto se siamo in grado di fare un bel bagno nella realtà, se ci coinvolgiamo.

Quando siamo di fronte alla povertà e all'auto-oggettivazione, bisogna dire «mi importa», «mi interessa», «mi impegno»: per chi crede, l'amore di Dio è l'amore del prossimo, ed è troppo semplicistico, anche se comodo, limitarsi a dire «io amo Dio, lo prego tutti i giorni», come se tutto il resto non esistesse.

Riassumendo, non è possibile trascendersi, se prima non ci si è calati nella realtà, se non si è compiuto un proprio esodo personale, senza aver fatto un'esperienza che permetta di pensare e ragionare da un punto di vista più alto.

Le tre attenzioni della formazione

1. Un'attenzione introduttiva

È destinata a coloro che sono in procinto di entrare a far parte di Educatori Senza Frontiere, e quindi hanno la necessità di farsi le ossa, di comprendere pienamente cosa comporta la scelta che hanno fatto, che cosa vuole dire essere un educatore «senza frontiere», andare in un Paese straniero, lontano da casa e dai propri cari, in un luogo con una cultura, degli usi e dei costumi anche molto differenti dai propri, incontrare e stare con altre persone, dare e ricevere qualcosa dagli altri e così via.

L'intenzione è di condurre questa fase attraverso delle escursioni trekking di 2 o 3 giorni, durante le quali camminare, fermarsi, ascoltare, leggere qualcosa e fare delle riflessioni a tema.

2. Un'attenzione intermedia

Secondo i principi della pedagogia itinerante, mentre si cammina, si studia, si riflette, è necessario anche progettare in funzione delle esigenze e delle richieste che ci vengono poste; questa è la fase in cui ci si interroga su ciò che è possibile realizzare in un dato contesto, è la fase in cui emergono i problemi della progettazione educativa, è il momento in cui ci si deve concentrare sul progetto di vita delle persone che si incontrano, ma anche sul proprio progetto e sull'identità che si intende assumere. Educatori Senza Frontiere è un cammino che muta di anno in anno senza mai però distaccarsi da alcuni valori irrinunciabili (il donare, il ricevere e il restituire).

3. Un'attenzione di sintesi

È la fase conclusiva della formazione, nella quale si deve raccogliere tutto ciò che si è elaborato, le novità che sono emerse, le prospettive educative che, anche grazie all'esperienza, si sono intraviste, facendo una comparazione tra i progetti realizzati e quelli ancora in fase di realizzazione.

In questa fase sarebbe anche importante iniziare a scrivere un diario di bordo nel quale raccontare le proprie esperienze (ciò che si è visto, ascoltato e vissuto), cominciando a stabilire quali sono le cose veramente importanti, quelle dalle quali, pur non dimenticando le altre, si deve partire per progettare cose nuove. È importante, però, che la raccolta di tutto questo materiale avvenga in chiave educativa, in quanto il nostro obiettivo non è raccogliere tutto indiscriminatamente, ma educare senza alcuna frontiera; quando si dice a un ragazzo che deve pensare al proprio progetto di vita, è necessario che anche noi, come educatori, pensiamo al nostro progetto di vita, sia a livello individuale che di piccolo gruppo (il gruppo è importantissimo e non va mai dimenticato).

Nella fase delle escursioni sarebbe bello che una persona si incaricasse di raccogliere le idee più significative che sono emerse nel cammino (pensieri dei componenti del gruppo o delle persone che ci sono venute a trovare).

Inoltre, è importante raccogliere le testimonianze di coloro che hanno fatto delle esperienze in territori di confine, cercando di capire quale significato ha avuto per quella persona quella data esperienza, che cosa ha visto e imparato; potrebbe anche essere utile pensare a uno schema comune di codifica delle testimonianze, in modo che la comparazione sia più semplice.

Anche nella formazione, l'erranza e la pedagogia itinerante rappresentano due componenti costitutive: mentre mi formo erro costantemente, non nel senso che sbaglio di continuo, ma nel senso che mi muovo in diverse direzioni, senza una vera e propria meta; a un certo punto, però, è necessario restringere il campo e individuare un punto verso cui dirigersi.

Tutti gli anni, durante la formazione di Educatori Senza Frontiere, utilizziamo un esempio biblico che è quello di Mosè e dell'attraversata del deserto: dopo aver lasciato l'Egitto, gli ebrei, stremati dalla fame, dalla sete, dalle avverse condizioni climatiche, domandarono a Mosè per quale motivo non li avesse lasciati in Egitto, dove, nonostante fossero schiavi, avevano un posto dove stare, qualcosa da bere e da mangiare; Mosè allora rispose che rimanere fermi non è mai la cosa giusta, bisogna sempre procedere verso qualcosa di più alto.

Questo esempio rappresenta perfettamente il concetto di formazione, che non deve mai interrompersi. Non bisogna mai sentirsi «arrivati».

5
Educatori Senza Frontiere: vent'anni di progetti

> È questa una pedagogia di strada
> che incarniamo e ci accompagna,
> vivendo l'errare per il solo piacere
> poetico e filosofico di camminare,
> ora nell'attesa dell'imprevisto,
> ora nella soddisfazione di veder
> adempiersi alcune intuizioni.
>
> Duccio Demetrio[1]

Con un bagaglio di valori, obiettivi, contenuti, esperienze e verifiche, Educatori Senza Frontiere (ESF) ha fatto e fa strada.

Ci sono progetti conclusi, o attualmente inattivi, e progetti in corso. Passiamoli in rassegna.

È una lista, ma ogni voce è carica di incontri, di volti, di voci, di memoria, di progressi conquistati a fatica e della gioia di aver dato il possibile.

Per quelli in corso, leggiamo anche la voce di un educatore o una educatrice senza frontiere. Sia la breve descrizione delle azioni concrete compiute o che ancora si stanno realizzando, sia la voce dei volontari possono mostrare meglio di tante mie parole il disegno, i principi ispiratori e gli obiettivi dell'associazione. E possono

[1] Duccio Demetrio, *Prefazione*, in don Antonio Mazzi, *et al.*, *Educatori senza frontiere*, Erickson, Trento 2013.

far comprendere che prenderci cura della nostra educazione e dell'educabilità dell'uomo vicino a noi è il futuro di cui abbiamo bisogno.

Paesi attraversati

Honduras

Dove: El Paraíso.

Anno: dal 2008 a oggi.

Progetto Casa Juan Pablo II.

Il progetto si rivolge soprattutto a uomini e ragazzi di età compresa tra i 15 e i 35 anni con problemi legati all'alcolismo e alla tossicodipendenza.

Le attività sportive sono volte a favorire la liberazione e la canalizzazione della propria aggressività, imparando a valutarla, controllarla, renderla produttiva, creativa.

Il giovane acquisisce sicurezza in se stesso attraverso la partecipazione alla vita di gruppo, accetta valori, regole e programmi comuni; la formazione culturale e professionale è volta all'inserimento attivo e critico del giovane nella società che lo circonda. Per lui è certamente indispensabile una buona base culturale, che permetta la scoperta del proprio ruolo e dei meccanismi di funzionamento dell'organizzazione sociale.

Grazie a input complementari, come collaborazioni con altri centri educativi di aggregazione, e attraverso attività itineranti, in otto anni Casa Juan Pablo II ha raggiunto più di 7000 persone.

Ruanda

Dove: Nyagatare.

Anno: dal 2011 al 2015.

Si tratta di una collaborazione con padre Patrice Ntirushwa e monsignor Servillien, referente locale del Centro Exodus, con il quale si è condivisa la progettazione e costruzione della casa e la pianificazione e realizzazione del progetto educativo.

Il lavoro si è sviluppato su diversi piani, dalla formazione degli educatori del Centro Exodus alle attività di animazione con i bambini della scuola materna ed elementare gestita dalle suore di Nyagatare.

Durante i viaggi sono stati approfonditi alcuni temi attraverso attività ludiche, quali:

- la socializzazione tra i pari;
- la partecipazione attiva;
- la creatività.

Abbiamo anche incontrato gruppi di educatori e svolto formazione toccando i seguenti temi:

- il progetto educativo;
- la motivazione e la scelta;
- il lavoro di gruppo;
- la comunicazione;
- il lavoro con gli adolescenti.

Palestina

Dove: Betlemme e Gerusalemme.

Anno: 2017 (avvio del progetto).

La collaborazione ha preso il via attraverso una serie di incontri tra Educatori Senza Frontiere e l'associazione ATS – Pro Terra Sancta, con la quale abbiamo organizzato la prima missione di fattibilità di ESF in Palestina.

Dal primo viaggio sono emersi alcuni punti su cui sarebbe opportuno proseguire:
- formazione degli insegnanti della scuola di Betlemme;
- lavoro sulla rete delle organizzazioni di supporto sociale sul territorio di Betlemme;
- approfondimenti sul tema delle tossicodipendenze nella città di Gerusalemme per la progettazione di collaborazioni future.

Kenya

Dove: Nakuru.

Anno: 2011.

Si tratta di una collaborazione con le suore della Divina provvidenza appartenenti all'Opera don Calabria all'interno del progetto «Welcome to the family», una casa di accoglienza che opera nella città di Nakuru, divisa in tre ambiti.
- La casa delle bambine: accoglie ragazze minori vittime di violenza.
- La casa dei bambini: accoglie giovani ragazzi che normalmente vivono in strada.
- Drop-in center: un centro di aggregazione per ragazzi di strada. Passaggio fondamentale per essere poi accolti alla casa dei bambini.

Il nostro lavoro si è sviluppato su diversi filoni.

- Con i bambini e le bambine: Abbiamo organizzato un viaggio e un GREST della durata di dieci giorni in cui centrali sono stati il gioco e l'animazione. Un'esperienza veramente cruciale vissuta in maniera itinerante.
- Con gli educatori e le educatrici abbiamo fatto un lavoro sull'appartenenza e sul percorso educativo e formativo nelle case.

Etiopia

Dove: Soddo.

Anno: 2009.

Smiling Children Town.

A Soddo, in Etiopia, ci sono più di 1500 street children, bambini abbandonati dalle famiglie, che per ragioni diverse vivono sulla strada, cercando quotidianamente di sopravvivere. Le cause dell'abbandono di questi bambini sono diverse: morte dei genitori, fuga dalla famiglia per cercare la sussistenza che la famiglia stessa non riesce a garantire, rifiuto da parte del padre o della madre in occasione di un nuovo matrimonio.

La Smiling Children Town (la città dei bambini sorridenti) nasce dal sogno di un uomo, Abba Marcello, ragioniere italiano che dopo una vita di lavoro e sofferenze parte per l'Africa, dove viene ordinato sacerdote.

Il centro è stato costruito per accogliere 200 bambini e per garantire loro assistenza quotidiana. A oggi il centro ospita 120 bambini, con un'età compresa tra i 6 e i 20 anni. Il centro è attualmente gestito dal direttore, Wondewosen Assefa, e da due educatori (uno psicologo e un infermiere).

Gli educatori vengono supportati nella gestione del centro e delle attività quotidiane dai ragazzi più grandi, che frequentano da molti anni (circa una quindicina di ragazzi).

Il direttore e gli educatori due volte l'anno scendono in città, per presentare ai bambini di strada il progetto e per offrire loro la possibilità di un futuro migliore. Il mattino seguente, i cancelli del centro vengono aperti per tutti i bambini che vogliono conoscere le attività da vicino. Per una settimana, i bambini che lo desiderano possono frequentare il centro durante la giornata e alla sera tornano in strada per la notte. Al termine della settimana, i bambini decidono se intraprendere questo cammino o meno. Gli educatori sono pronti ad accogliere tutti i bambini che decidono di cambiare la loro vita.

Il percorso di ogni bambino inizia con il recupero della dignità della persona, gli viene insegnato infatti a prendersi cura di sé, a non chiedere elemosina, né rubare.

Lo scopo finale del progetto è il reinserimento dei bambini nelle famiglie di origine nella vita sociale della città.

Il centro offre loro vitto, alloggio e cure mediche, ma richiede che i più piccoli frequentino regolarmente la scuola; i più grandi, oltre alla scuola, devono frequentare anche le classi professionali: si cerca infatti di insegnare loro un mestiere che li renderà indipendenti.

All'interno del centro è presente un forno, una piccola officina e un laboratorio di tessitura, nei quali ogni giorno i ragazzi del centro possono mettersi in gioco e sperimentare una professione.

Il percorso allo Smiling Children Town prevede la frequenza regolare alla scuola della città perché si fonda sulla convinzione che l'educazione e l'istruzione cambino la vita dei ragazzi e consentano loro di vivere un'esistenza dignitosa, attraverso la realizzazione dei loro sogni e delle loro aspirazioni. Nell'anno 2016 tutti i ragazzi accolti al centro hanno terminato l'anno scolastico e 40 di questi sono risultati gli studenti migliori.

Quattro ragazzi a settembre inizieranno l'università e il primo ragazzo laureato in Economia ha vinto un concorso nell'ambito delle telecomunicazioni e ora lavora negli uffici centrali di Addis Abeba.

Costa d'Avorio

Dove: Daloa.

Anno: 2017.

Il progetto è in collaborazione con l'ONG CeVI. Gli ambiti del lavoro sono il teatro e l'animazione di strada: si portano nei vari quartieri delle rappresentazioni teatrali con l'obiettivo di sensibilizzare i bambini su diversi argomenti:

- la violenza nelle scuole;
- l'importanza della scuola;
- l'igiene personale.

Inoltre, a Daloa viene curata anche la formazione degli educatori e assistenti sociali, affrontando tematiche come:

- l'educazione e il ruolo dell'educatore;
- l'animazione educativa;
- la consapevolezza del corpo;
- la comunicazione.

Italia

Dove: Africo Nuovo, in provincia di Reggio Calabria.

Anno: 2017.

Si tratta di una collaborazione tra l'équipe dello Sprar (Sistema di protezione per richiedenti asilo e rifugiati) e la Fondazione Exodus ONLUS di don Antonio Mazzi nella sua sede calabrese di Africo.

Il lavoro è destinato ai ragazzi provenienti da diversi Paesi: Pakistan, Bangladesh, Mali, Ghana, Costa d'Avorio e Guinea.

Dopo una prima analisi del territorio e delle dinamiche preesistenti, abbiamo preso in analisi le necessità della formazione indicateci dalla responsabile della sede e dalle sue collaboratrici.

I punti principali che abbiamo toccato sono:

- creazione del gruppo;
- conoscenza di sé e dell'altro ripercorrendo il cammino che ognuno di loro aveva avuto modo di fare;
- sogno nel futuro.

Paraguay

Dove: Ciudad del Este.

Anno: 2010.

L'Hogar Santa Teresa comprende una casa per minori con problematiche di tipo familiare, una casa per ragazzi tossicodipendenti, un doposcuola, un'aula speciale per bambini con disabilità, un campo da calcio che viene quotidianamente affittato ai giovani del quartiere e un dispensario dove medici volontari effettuano assistenza sanitaria gratuita.

Attività sul territorio:

- assistenza domiciliare alle famiglie povere del quartiere;
- apertura e accoglienza per famiglie e giovani bisognosi di aiuto;
- gestione di diversi doposcuola dislocati nel quartiere;
- collaborazione con le altre strutture presenti sul territorio (per esempio la casa di accoglienza per bambine e la casa di accoglienza per anziani).

Argentina

Dove: Parrocchia Nostra Signora di La Paz – G. de Laferrère (Gran Buenos Aires).

Anno: 2010.

Il lavoro a Laferrère si è animato dopo la missione di fattibilità del 2010 di don Antonio Mazzi e Cristina Mazza presso le *capillas* gestite dalla Congregazione dei Poveri Servi della Divina Provvidenza dell'Opera don Calabria.

Ogni *capilla* ha i suoi animatori di riferimento. Con il gruppo abbiamo lavorato su:

- costruzione del gruppo di lavoro;
- comunicazione e fiducia;
- programmare il futuro;

- motivazione e ruolo dell'educatore nei centri di aggregazione giovanile.

All'interno della scuola ci si è concentrati su:
- l'influenza sociale in adolescenza;
- dire di no.

Ucraina

Dove: Drohobyč.

Anno: dal 2008 al 2010.

Il progetto è nato in collaborazione con la Caritas Ucraina.

L'obiettivo era il supporto e la formazione del personale in servizio nella comunità di tossicodipendenti e alcolisti che era attiva nella città.

Siamo rimasti sempre in costante contatto con il personale locale, e ci sono state numerose occasioni di scambio e formazione, qui in Italia, per i responsabili del progetto.

Romania

Dove: Panciu.

Anno: dal 2015 al 2016, per un totale di 4 viaggi di formazione.

Si tratta di una collaborazione con Ibo Italia presso il Centro Educativo Pinocchio. Il lavoro ha previsto un percorso di formazione per gli educatori e operatori del centro e attività di animazione per i minori.

I viaggi di questi anni si sono posti come obiettivo quello di approfondire alcuni temi indicati dai referenti del progetto:

- l'identità e la motivazione;
- il lavoro di gruppo e con i volontari;
- la comunicazione e la gestione del conflitto;
- il progetto educativo;
- la valorizzazione dell'esistente per progettare il futuro.

Abbiamo anche incontrato i minori del centro, organizzando alcune attività ludiche e di animazione con i seguenti obiettivi:
- la socializzazione tra pari;
- la partecipazione;
- il mettersi in gioco;
- il potenziamento della relazione educativa.

Cammini in corso

Italia

Dove: Comunità la Mammoletta – Portoferraio – Isola d'Elba.

Anno: dal 2013 a oggi.

Si tratta di una collaborazione con la Comunità Exodus La Mammoletta. È rivolto a ragazzi adolescenti (gruppo misto) con problematiche legate, prevalentemente, alla tossicodipendenza. Vede coinvolti attivamente anche i ragazzi della Comunità che, con la loro presenza e testimonianza, sono un supporto importante e un esempio per l'intero gruppo.

Il progetto ha una durata di circa 15/20 giorni e si svolge durante il periodo estivo.

Caratteristica fondamentale dell'esperienza è il contatto con la natura: dal vivere in un piccolo campeggio situato in mezzo al bosco, alle esperienze educative con la barca a vela.

Le attività proposte sono improntate alla conoscenza di se stessi e degli altri, favorendo la relazione e la collaborazione all'interno del gruppo e creando un clima di fiducia e condivisione.

Il campus offre un'importante occasione di crescita e di revisione del proprio progetto di vita.

Negli anni abbiamo toccato diverse tematiche specifiche tra cui:

- ecologia e riciclo come risorsa;
- la cura di sé e la cura del gruppo;
- il viaggio come metafora formativa;
- l'imprevisto come stimolo per una nuova progettualità;
- il mio nome e la mia storia;
- lo specchio come riflesso della mia storia.

Marzia:

> Cosa mi porto a casa?
>
> Questa domanda me l'ha fatta Carlo, uno dei ragazzi della comunità, una sera che eravamo fuori dalla sala, dopocena, nel momento «sigaretta»; uno di quei pochi momenti in cui si sta tutti insieme in modo spontaneo, senza obblighi, compiti, tempi o organizzazioni predeterminate.
>
> Sembra ci si muova a riempire gli spazi vuoti, un po' come nel gioco della «zattera». Si sceglie di sedersi ac-

canto a qualcuno o su una panchina vuota, attendendo che qualcuno si sieda, o forse no... e poi si chiacchiera, del nulla o di un pezzetto di sé. Oppure si gioca... o si sta in silenzio.

Difficilmente ho visto litigi in uno di questi momenti.

I litigi solitamente si innescano a tavola... strano: si pensa che si tratti di un momento di piacere nel condividere un pasto, e la maggior parte delle volte è così, ma è anche il momento in cui bisogna saper individuare il limite, il confine del rispetto dell'altro, e questo non è sempre facile.

Il tema di quest'anno è proprio il confine. Non poteva capitare un tema più calzante.

Nel ruolo di ESF, ovvero di volontaria che decide di mettersi in gioco, di proporre a dei ragazzi in difficoltà degli strumenti di consapevolezza, o semplicemente degli stimoli per toccare un po' più in profondità dei nervi scoperti, fin dove mi posso spingere?

E ancora: qual è il confine del rischio che ci si assume quando si tenta di andare oltre, generando un caos che si ritiene indispensabile, sapendo che il tempo è quello che è, e sarà qualcun altro magari a rimettere a posto i pezzi?

La comunità è un concentrato della società. Si possono vedere da vicino tutte le dinamiche che caratterizzano l'essere umano nella relazione e le relative conseguenze.

Alla Mammoletta c'è qualcosa di magico ed esoterico: una spirale che si avvita nel tormento e si svolge nel bisogno di amore, che si traduce a sua volta in parola, in abbraccio, in richiesta di aiuto.

Mi porto a casa la consapevolezza di essermi messa in gioco, di aver accolto le mie paure, di aver sperimentato, rischiato, di aver sbagliato e forse «aggiustato».

Mi porto a casa l'essermi vista nelle loro fragilità, nel loro bisogno di affermazione, nella loro stanchezza, nella loro violenza, ma soprattutto nel loro bisogno di essere visti, ascoltati e amati.

Mi porto a casa la speranza, perché dopo due settimane di campus ho raccolto un «cesto» pieno di opere meravigliose create da ragazzi dotati di un'inesauribile fonte di creatività, abbondanza e bellezza.

Ancora una volta mi porto a casa tutta la gratitudine che ho verso la Mammoletta, ESF e la vita per avermi dato questa opportunità.

Brasile

Dove: Restinga (Porto Alegre) e Rio Grande.

Anno: dal 2010 a oggi.

Progetto sviluppato in collaborazione con la Congregazione dei Poveri Servi della Divina Provvidenza, Opera don Calabria, nella città di Porto Alegre.

Consiste in attività di formazione attraverso uno scambio di competenze tra educatori italiani e brasiliani, e l'allestimento di attività di animazione educativa congiunte all'interno del centro di Restinga.

Nella città di Rio Grande, invece, gli ESF supportano la casa di accoglienza Vida Nova, che si occupa di tossicodipendenze e alcolismo, fornendo supporto agli operatori e ai ragazzi ospiti della struttura attraverso attività di formazione e riflessioni, utilizzando tecniche che spaziano dal teatro alla musica, all'arte in generale.

Aurora:

> Cristine non conosce i suoi genitori: era troppo piccola quando è andata in adozione. Non conosce neanche i loro nomi. Per i primi nove anni della sua vita ha vissuto con i suoi zii. A nove anni subì la prima violenza: stuprata dal nonno di settant'anni. Allora cambiò famiglia: la prese una coppia che aveva già tre figli. Ma non si sentiva accettata, perché loro erano bianchi, lei no. La sua condizione di «schiavetta» peggiorava di anno in anno, finché a tredici anni avvenne la seconda violenza: stuprata dal padre. A quindici ebbe la sua prima figlia, dal padre adottivo. Ha cominciato a cercare consolazione nella droga a diciassette anni.
>
> Cristine adesso ha quarant'anni, ha sei figli. Vive in una casa di una sola stanza, senza lavoro. Ma Cristine sogna di poter vivere una vita normale un giorno, con un lavoro normale, in una casa normale. Sogna di vivere con i suoi figli in armonia, che sua figlia lasci quello che lei chiama marito perché è violento e la picchia. Perché spera che i suoi figli possano non passare mai quello che lei ha passato. Sogna che loro non si avvicinino mai al crack, perché ha sentito sulla sua pelle il male che quella sostanza provoca. Sogna che non si avvicinino mai alla vita della «rua» e alle sue leggi (o obblighi). Sogna una vita nuova.

E, come Cristine, tantissime persone qui sognano di rinascere e di vivere una vita nuova. Persone che hanno sofferto, persone che hanno sbagliato. Persone che hanno vissuto con la violenza, con l'odio, che hanno fatto sbagli su sbagli, che non hanno trovato giustizia o amore nella loro vita. Queste persone hanno speranza, perché qui in Brasile la speranza non manca mai. Perché la speranza ti fa vedere la luce quando stai al buio. Perché la speranza è la scala che ti riporta in alto quando sei arrivato sul fondo.

Sognare ti rende libero. Grazie Brasile, che mi hai liberata.

Bolivia

1. Attività di formazione con target diversi

   Dove: Santa Cruz de La Sierra.

   Anno: dal 2014 a oggi.

Il lavoro nella città di Santa Cruz de La Sierra si sviluppa all'interno del circuito degli *hogares*, gestiti dalla Chiesa cattolica. Nell'Hogar La Esperanza si lavora con entrambi i gruppi di bambini e bambine che vivono all'interno della struttura. Si tratta di figli di persone che al momento sono detenute al carcere Palmasola nella città di Santa Cruz.

I temi trattati negli incontri con i bambini in questi anni sono stati:

- il corpo e l'affettività;
- la casa e la famiglia;
- le relazioni.

È attiva anche una splendida collaborazione con l'Hogar Fortaleza, che è una struttura carceraria per minori dove ogni anno ESF organizza una formazione rivolta agli educatori e alle educatrici e un laboratorio creativo con i ragazzi.

Laura:

> Le lancette segnano le 18, ma a Santa Cruz quel tempo non è ancora arrivato. La sensazione di smarrimento misto a scoperta sfugge alle parole; queste, nel tentativo di tradursi, sembrano svuotarsi di significato.
>
> La prima tappa non è un inizio, ma un ritorno: il tempo che lasciamo e quello che viviamo si intrecciano, creando un paradosso che dà avvio al nostro viaggio.
>
> Ogni luogo incontrato, ogni volto sfiorato rimandano a un passato già vissuto. Nulla di lineare attraversa il nostro cammino: ogni passo ci conduce avanti, eppure sentiamo di essere già stati lì. L'apparenza illusoria di continuità si dissolve. Non è più una sequenza ordinata di istanti, ma un cerchio che si chiude su se stesso, sfuggente e sfalsato.
>
> Il nostro è un palcoscenico allestito con gli stessi oggetti: gli stessi sorrisi, le stesse parole, come se fossimo attori di una rappresentazione già scritta. Eppure, c'è sempre un particolare che cambia, un dettaglio che prima ci era sfuggito e che ora si rivela tra le pieghe dell'abitudine.
>
> Questo scorrere ci gioca contro e a favore; non è più qualcosa da controllare, ma una presenza viva e mute-

vole. Non lo misuriamo più in ore o giorni, ma in attimi di comprensione. In questa danza di cambiamenti e ritorni, alcune quantità rimangono impossibili da misurare e alcune superficialità si rivelano necessarie.

La valigia, mappa del nostro ingegno e immagine di un caos inevitabile, si richiude all'ultima tappa, dove torniamo al punto di partenza, come se tutto si fosse annullato per poi ricomporsi in un'unica ciclicità.

Le lancette segnano le 12, e a Milano quel tempo è passato. Nel silenzio che segue, oltrepassiamo il confine tra ciò che è stato detto e ciò che resta taciuto, quel che resta indefinito ma che, attraverso parole o gesti, si trasforma in una nuova forma di presenza. Così, il viaggio nel viaggio è compiuto.

2. Attività di formazione con target diversi
Dove: Riberalta.
Anno: dal 2014 a oggi.

Dal 2014 il lavoro sul territorio di Riberalta (provincia di Antonio Vaca Díez, dipartimento di Beni), si è concentrato su diversi tipi di utenza, molto varia, permettendo a ESF di realizzare laboratori creativi che hanno portato a esiti non solo interessanti ma anche affascinanti dal punto di vista formativo, pedagogico e antropologico.

Di seguito i gruppi che abbiamo incontrato sul territorio:

- personale educativo e sanitario del Centro Nuevos Horizontes (che si occupa di disabilità);
- personale delle scuole;

- alunni delle scuole medie inferiori e superiori;
- giornalisti della Radio San Miguel;
- gruppi auto-organizzati di donne lavoratrici che vivono nella periferia;
- le comunità del campo (distribuite lungo i fiumi nella foresta amazzonica);
- gruppi di adolescenti.

Tra i temi affrontati:
- la costruzione del gruppo;
- la valorizzazione delle risorse personali;
- l'identità e l'autostima;
- la costruzione del sé;
- il corpo e l'affettività.

Flavia:

> È arrivato il momento dei saluti. Ce ne andiamo da Riberalta dopo aver vissuto, lavorato, giocato e sognato qui per più di due settimane. In così poco tempo abbiamo trovato la nostra routine, i nostri punti di riferimento, i nostri luoghi del cuore. Poco più di due settimane sono bastate per mettere un po' di radici nella terra rossa e bollente.
>
> Eppure, questo saluto non è stato come gli altri. È meno malinconico.
>
> Perché?
>
> Be', perché il gruppo ESF è proprio senza frontiere e da tre che eravamo siamo diventati in nove.
>
> Un po' per caso, un po' per senso di avventura, una parte dei nostri nuovi compagni di viaggio ha deciso di

accompagnarci nella prossima tappa: destinazione Puerto Rico.

Ore 8.30/9 (qui l'orario è relativo).

Sotto al Centro Pastorale, dove abbiamo alloggiato finora, ci aspettano Marco, Valdo, Junior, Carmen, Dennis e Letizia.

Carichiamo gli zaini sul pulmino e si parte! Per arrivare a Puerto Rico ci sono volute 5 ore, tante pause merenda, canzoni cantate ad alta voce, silenzi per guardare meglio il paesaggio e qualche buca per rendere il viaggio più movimentato.

Tutti nel pulmino sono felici. Non c'è malinconia nel saluto a Riberalta, forse perché la parte più bella, quella dei legami, è qui con noi.

Ore 14 (circa).

Totalmente ricoperti di polvere e terra rossa, finalmente arriviamo.

Abbiamo avuto qualche difficoltà logistica nel trovare un alloggio, ma anche qui i nostri compagni hanno trovato una soluzione e, come sempre, hanno avuto tanta cura nel cercare quella migliore.

Martedì 8 agosto – ore 9 (questa volta in punto!).

Iniziamo il laboratorio con gli adolescenti della *promociones*, ovvero dell'ultimo anno del collegio. Ancora una volta non siamo sole. I nostri compagni sono qui a guardarci da lontano, curiosi di vederci all'opera.

Il laboratorio finisce in maniera positiva e ben oltre le aspettative.

Come da copione, terminiamo tenendoci per mano in cerchio, e corriamo verso il centro gridando a squarciagola. Lo facciamo tutti insieme, con i ragazzi e le ragazze della *promo* e, per la prima volta, anche con i nostri amici.

Ore 12.

È arrivato il momento di salutarci davvero. Stavolta non siamo noi ad andar via: noi tre ci fermeremo ancora una notte a Puerto Rico. I nostri compagni però dovranno tornare a Riberalta.

Questa volta sento un nodo in gola, noto qualche occhio lucido negli altri e gli abbracci si fanno notevolmente più lunghi.

Il nostro viaggio continua e non riesco a togliermi dalla testa quella canzone dei Modena City Ramblers che fa «buon viaggio hermano querido e buon cammino ovunque tu vada, forse un giorno potremmo incontrarci di nuovo lungo la strada».

3. Attività di formazione con target diversi

Dove: Cobija.

Anno: dal 2015 a oggi.

Sul territorio di Cobija il nostro lavoro si concentra molto sulla scuola Fe y Alegria, con la quale abbiamo attivato due cicli formativi.

Il primo ha coinvolto i professori e mirava ad approfondire temi quali la motivazione, la dimensione educativa dell'insegnamento, la costruzione della «scuola ideale».

Il secondo ciclo, del 2017, ha avuto come obiettivo l'approfondimento di temi legati all'affettività e al corpo anche dal punto di vista della storia di vita dei docenti.

Contemporaneamente abbiamo incontrato altri gruppi: i temi sono rimasti sempre legati alla storia di vita e all'appartenenza.

Anna:

Vorrei essere uno di quei colibrì che la mattina cinguettavano sugli alberi fuori dalla finestra e che hanno viaggiato con noi, che ci hanno osservate e che nel cielo boliviano ci hanno accompagnate in ogni avventura che abbiamo vissuto in quella terra rossa, calda e rumorosa. Sono certa che si è fatto delle belle risate perché le occasioni per divertirsi non sono mai mancate, ma credo si potrebbe anche emozionare davanti al bene che abbiamo imparato a volerci.

Cara Bolivia, vorrei guardarti da fuori per avere uno sguardo esterno e completo su di te e rivivere così ancora una volta il tuo tempo. Sei stata un bel dono che mi ha fatta scontrare con me stessa più e più volte fino a farmi rendere conto che non si va mai abbastanza lontano per fuggire da sé; mi sono però accorta che delle buone compagne di viaggio, che non importa da quanto tempo conosci, possono aiutare a ritrovarti.

Il tuo tempo è così variabile che, a volte, i programmi sono superflui, perché è molto più importante e necessario saper inventare, modellare, guardare ciò che hai davanti e cercare di creare qualcosa di bello partendo proprio da quell'istante lì, con quelle possibilità, con quei desideri nel cuore.

Sei stata intensa e travolgente, molto più di quel che

pensassi, ma sei anche stata la ventata di aria fresca di cui avevo bisogno.

Se fossi stata un colibrì sull'albero mi sarebbe piaciuto guardarti da fuori perché una pugliese, una ligure, una milanese e una valtellinese non capita tutti i giorni di vederle insieme in una terra con così tante avventure in serbo per loro, ma ho avuto la fortuna di essere una di quelle quattro e ciò che ora desidero è di tenere stretto e proteggere ogni attimo, sguardo, abbraccio, lacrima e sorriso che con loro ho condiviso.

Grazie Bolivia, sei stata un viaggio dentro al viaggio ricco di emozioni e tante piccole cose preziose che porterò con me.

Angola

1. Scuola

Dove: Luanda.

Anno: dal 2012 a oggi.

Si tratta di una collaborazione con le suore della Divina Provvidenza appartenenti all'Opera don Calabria.

Il lavoro è iniziato il primo anno (primavera 2012) con una missione di fattibilità che aveva questi obiettivi:

- conoscere la scuola Divina Provvidenza;
- identificare insieme alla direttrice Loris Trevisol i suoi bisogni formativi (e quelli di alunni, docenti e personale ausiliario);
- realizzare un primo incontro per inquadrare le metodologie di ESF e le sue strategie formative.

La scuola si compone di circa duemila studenti e una sessantina di membri del personale.

Dopo una positiva valutazione dell'esperienza abbiamo realizzato nella scuola tre cicli formativi:

- 2012 – Il gruppo di lavoro e la pratica educativa: apprendimento e insegnamento;
- 2014 – La storia di vita: ricerca di significati per vivere il presente rivolgendoci alle nostre radici;
- 2016 – La motivazione a scuola: la metafora prometeica del fuoco nella vita scolastica.

A ogni ciclo formativo corrispondono incontri con tutti i gruppi coinvolti.

Chiara:

> È rimasta solo un'ora prima di ripartire per l'Italia. Mi siedo nel portico davanti casa per riordinare un po' i pensieri. Il vento muove le foglie degli alberi. Mi fermo ad ascoltarlo, ho sempre adorato questo fruscio delicato. In lontananza, sento anche i rumori della strada principale, sulla quale ogni giorno sfrecciano un numero strabiliante di macchine, che si sfiorano continuamente senza mai toccarsi, come in una danza dai ritmi imprevedibili.
>
> Sento anche i clacson dei tanti taxi collettivi bianchi e blu, che mangiano l'asfalto sporco di sabbia. O è la sabbia sporca di asfalto? Non lo so. I rumori del traffico mi ricordano i primi giorni di viaggio, mi riportano alla confusione dell'inizio di questa avventura.

È stato davvero difficile per me lasciarmi trasportare da questi ritmi così diversi, a volte – per me – tremendamente lenti, a volte frenetici.

È stato difficile perché non riuscivo a prevederne l'alternanza, a capirne il senso.

Come può una sola città ospitare così tante contraddizioni? Sono davvero contraddizioni? Io le ho percepite così. Che confusione. Nella mia testa cercavo di dare un senso a quello che osservavo, case di sabbia e lamiera e centri commerciali con vestiti di diamanti. Cercavo un pattern nascosto tra le righe, nascosto tra le abitudini delle persone che incontravo. Cercavo, cercavo e non trovavo.

Mi sentivo frastornata, profondamente confusa, fragile. Quello non era ciò che mi aspettavo. L'Angola sembrava contenere tutta la complessità della realtà e anche qualcosa in più, qualcosa di indecifrabile. Le mie certezze velocemente sbiadivano. «Prova a cambiare punto di vista e vedi cosa succede» mi ha suggerito, durante un momento di scambio, una compagna di viaggio. «Ci provo» mi sono sentita rispondere.

Ho deciso di fidarmi, di buttarmi in un mare di incertezze e lasciarmi trasportare dalla corrente, facendo lo sforzo di interrompere quella continua ricerca di risposte. Ho avuto paura del buio, inquietudine per l'ignoto. Ho avuto una profonda ansia di non riuscire più a toccare terra. Ho chiuso gli occhi, ho lasciato andare quel peso che sentivo sul cuore. Un giorno, all'improvviso, mi sono ritrovata con i piedi sporchi di una meravigliosa terra rossa. Terra angolana. Nella ricerca del senso delle cose, ero io a essermi persa.

Mi sono trovata negli occhi dei ragazzi del centro di accoglienza di Luanda, nei sorrisi, a volte imbarazzati, dei grandi e nel bisogno di carezze dei più piccoli. Mi sono trovata giocando con loro con una palla e un canestro. Mi sono trovata camminando per strada al loro fianco. Mi sono trovata nella semplice presenza, che non aveva bisogno di parole, ma solo di un cuore che sapesse accogliere e accogliersi. Mi sono trovata nel forte desiderio di continuare a dedicare la mia vita all'educazione, alla relazione con l'altro.

Questo viaggio ha sollevato davvero tante domande e la maggior parte di esse rimarrà senza risposta. Eppure, adesso, sono in pace. Mentre guardo l'ultimo sole angolano tramontare, mi rendo conto che qui a Luanda c'è qualcosa di impercettibile e allo stesso tempo denso, che dà senso a tutte le cose, anche alle contraddizioni. È una cosa che non riesco a spiegare. È la *confusão di Luanda*, è il ritmo della confusione.

Grazie Luanda per avermi fatto perdere. Grazie compagne, per aver camminato insieme a me. Ora so che solo perdendoci rischiamo di ritrovarci.

2. Casa

Dove: Huambo.

Anno: dal 2012 a oggi.

Nel 2012 Educatori Senza Frontiere ha compiuto il suo primo viaggio in Angola, visitando e svolgendo una missione di fattibilità a Huambo.

Da quel momento è nata un'esperienza che vede la nostra associazione operare in collaborazione con la Congregazione dei Poveri Servi della Divina Provvidenza dell'Opera don Calabria di Verona.

Il Centro de Acolhimento Criança Feliz ospita una comunità residenziale di circa 40 ragazzi con situazioni di disagio familiare, di età compresa tra i 6 e i 18 anni; all'interno della struttura sono inoltre presenti la scuola São João Calábria, che accoglie circa 1200 studenti, e un ambulatorio medico territoriale che assiste le fasce di popolazione più povera e bisognosa dei quartieri vicini.

Nel corso di 4 anni consecutivi, durante i mesi estivi, sono state svolte principalmente attività di animazione con i ragazzi; nel 2017 è iniziato un percorso di condivisione più intenso, con la presenza di un gruppo di educatori che si sono alternati per un periodo di 8 mesi: per vivere insieme la quotidianità, la scuola, il lavoro, il divertimento, la preghiera. Per educare e per educarci a essere una famiglia e a fare del centro la casa di tutti.

Un viaggio alla scoperta di sé, della propria storia, delle proprie emozioni e dei propri sogni, attraverso il disegno, la scrittura, la lettura, il gioco, la musica, la parola.

L'attività formativa di carattere sanitario rivolta al personale del centro di salute completa il progetto.

Camilla:

> Un passo alla volta. Passo dopo passo, camminando e percorrendo il grande e lungo viale principale di

Huambo, le macchine, i pulmini e le moto sfrecciano a grande velocità, studenti escono dalle lezioni all'università, ragazzi e bambini camminano. Con passi, leggeri ma decisi alcuni di loro arrivano al Centro de Acolhimento Criança Feliz di Huambo. Un luogo in cui due educatori e tanti altri ragazzi vivono e vanno a scuola.

All'interno però c'è anche un ambulatorio, un luogo aperto a chi ha necessità di farsi fare una visita medica, la scuola São João Calábria e la possibilità di fare vari corsi, come per esempio quello di cucina.

Siamo entrati nel centro in punta di piedi, con passi lenti e curiosi di scoprire cosa ci aspettava.

Durante le nostre settimane a Huambo, oltre ad aver fatto alcune attività organizzate con i ragazzi, abbiamo anche vissuto insieme momenti di vita quotidiana, facendo i compiti delle vacanze, guardando i grandi che insegnano ai più piccoli quello che loro hanno imparato quando avevano la loro età, sperimentandosi nella capoeira e nel judo, assistendo alle partite di calcio la domenica pomeriggio, alle prove del coro e ai momenti del riordino degli spazi che insieme vivevamo.

Qui, tra stampe super colorate e odori inaspettati, ho scoperto la semplicità dell'emozionarsi con le bolle di sapone, il volerle scoppiare e inseguire, la gioia nel vedere le perline per fare i braccialetti e l'impegno per realizzarli in ore e ore.

Mi ha sorpreso la difficoltà ma anche l'impegno nel fare un disegno condiviso tutti insieme, uno accanto all'altro, la soddisfazione nel vedere che un proprio disegno è diventato una maschera da poter indossare.

Ho riscoperto la bellezza del giocare, del farlo insieme, della competizione, del gioco di squadra e poi della condivisione di una vittoria, della musica, dell'insegnare balli, del ballare senza sapere i passi, insieme o da soli, ma anche di cantare, anche quando non sai bene le parole.

Camminando per le vie delle città e per i villaggi ti rendi conto della bellezza delle contraddizioni di un Paese come l'Angola, che mi ha lasciato una voglia di fare passi, di non smettere di farli anche se la strada è ripida, tortuosa, stretta o pericolosa, e la consapevolezza che, se questi passi li facciamo insieme, una strada in salita oppure dissestata non è poi così faticoso percorrerla.

Grazie alle mie compagne di viaggio, ai compagni di viaggio che ho incontrato lungo il percorso e a chi mi ha supportato anche da lontano.

6
Testimonianze dai nostri «Diari di bordo»

> Educatori Senza Frontiere ci fornisce una storia vera e un saggio esemplare, per invitarci a far teoria strada facendo.
> Viaggiare è accettare il rischio di alzarsi e mettersi in cammino, è apprendere interrogando le cose e dialogando con chiunque per via, ma soprattutto avviando una conversazione infinita con se stessi.
>
> Duccio Demetrio[1]

Cristina Mazza, presidente di ESF
Un viaggio ad Ambalakilonga

Tredici ore di viaggio su strade impraticabili. Vince l'entusiasmo sul disagio di essere «shakerati» in continuazione, almeno ogni 100 metri: voragini stradali di fronte alle quali trovare fantasiose strategie per non rimanere impantanati o, peggio ancora, distruggere gli ammortizzatori dell'auto con il rischio di sostare per ore in mezzo al nulla in attesa di...

A farci coraggio il meraviglioso mondo che si dipana oltre i finestrini davanti ai nostri occhi: uomini e don-

[1] *Ibidem.*

ne, bancarelle dai colori vivaci di frutta e verdura ordinata in modo quasi maniacale, risciò tirati a mano, bambini con in braccio altri bambini, donne con taniche di acqua trasportate sulla testa e uomini dai lunghi pantaloni con le mani in tasca, seduti ad ammirare la vita svolgersi attorno a loro e se ci scappa anche una sigaretta penzolante.

La domanda è nata spontanea durante quegli interminabili chilometri: perché il governo non interviene per migliorare la viabilità? Sicuramente un intervento del genere porterebbe a un grande sviluppo del turismo e del commercio. «Risposta non c'è...», la si cerca ma a noi neofiti di questo meraviglioso Paese non è dato trovare risposte che molti altri prima di noi stanno cercando da tempo.

Molto probabilmente le risposte sono molteplici, ma di fronte alla povertà sconvolgente e alle contraddizioni palesi è difficile non cercare accanitamente una soluzione. Ci si chiede dove finiscano gli aiuti umanitari, e anche qui si può solo supporre, tentando di dare fiducia e trovare giustificazioni. Vero è che gli aiuti umanitari spesso percorrono una filiera importante prima di arrivare ai beneficiari finali.

Ci sovviene un pensiero che reputiamo concreto: sistemare le strade significherebbe forse interrompere la catena del commercio che avviene a bordo strada, luogo di acquisto e di vendita, di incontro.

Quindi la seconda domanda è: ci sarà mai un futuro o quantomeno una piccola possibilità di cambiamento per questo e per molto altro? Oppure i tir continueranno a sprofondare nelle buche e a crearne altre, le macchine continueranno a impiegare tredici ore per raggiungere Fianarantsoa e l'aeroporto rimarrà una striscia di terra sulla quale scorrazzano le galline che si spostano soltanto quando un aereo privato da 3000 euro a passeggero riesce ad atterrare. Ed è solo un briciolo dei pensieri che ci hanno attraversato.

Sono necessarie politiche trasformative per affrontare le disuguaglianze profondamente radicate che impediscono all'Africa subsahariana di sostenere la crescita a lungo termine e di ridurre efficacemente la povertà.

Già...

La strada si volge chilometro dopo chilometro aprendo scenari meravigliosi di umanità e di natura, che lasciano senza fiato ma che riportano costantemente alla mente la fortuna di essere nati dall'altra parte del mondo così da non mischiarsi con la polvere rossa e i piedi scalzi, con le pozze di acqua sporca dove ci si lava e ci si disseta, così da non dover lavare i vestiti nel fiume o mangiare ciò che cade dalla tavola degli opulenti, così da non dover chiedere l'elemosina e vivere del poco che la terra offre. Qui i seni delle partorienti sono poveri di alimento per i propri figli e gli ospedali poco attrezzati.

Fianarantsoa, «la città dove si impara il bene», appare ai nostri occhi come un miraggio dopo tredici ore di dondolamenti. La deviazione per Ankofafa, passando attraverso il mercato e su fino al Don Bosco e poi ancora più su fino ad Ambalakilonga, ci sembra la via per la terra promessa. Ancora di più sapendo che ci aspettano, fin dalle prime ore del giorno, quegli italiani che hanno scelto da tempo di so-stare per contribuire con ESF a migliorare le condizioni di vita di adolescenti e giovani.

Ho vissuto questo tempo come un dono, ho respirato per fare spazio al compito che mi aspettava. Ho accolto tutto quello che è arrivato, fatto tesoro, ho parlato tanto con tutti. Abbiamo affinato, cucito, modellato, cambiato. Abbiamo fatto silenzio e recitato infinite volte il *Padre nostro*. Ci siamo dati obiettivi e guardato un po' più in là, nelle vite di chi sta, e per le vite di chi passa di là.

Ma non ho mai smesso di vivere la contraddizione dentro di me, quella della povertà e della ricchezza, della fortuna e della sfortuna, delle possibilità e delle impossibilità, della mancanza di cibo e dell'abbondanza sulla tavola.

Al di là del cancello blu c'è una vita che cammina.

E allora, dico con forza che ognuno fa quello che può e che riesce, con l'attenzione all'essere umano, valorizzando ciò che c'è, chiamandolo per nome e restituendo così dignità.

È quello che ho fatto.

E nelle tredici ore che mi hanno riportato ad Antananarivo, nuovamente shakerata dentro l'abitacolo di una piccola auto, mi sono presa quel tempo necessario ad attendere che «Dio avvenga».

Chiara
Bangladesh: «Non credevo che...»

Sentirsi a casa. Così descriverei la mia esperienza in Bangladesh, grazie a Educatori Senza Frontiere, alla Rishilpi, associazione che sostiene lo sviluppo delle persone emarginate nel Paese, attraverso programmi di cooperazione allo sviluppo nel campo educativo e sanitario.

Prima di partire avevo paura che ci sarebbe stato poco tempo per riuscire a integrarmi in un mondo nuovo, con una cultura e una lingua così lontane da noi. Invece quindici giorni sono volati e insieme a Martina, compagna di viaggio preziosa, abbiamo organizzato incontri con studenti e professori, piantando semi che speriamo crescano rigogliosi nei prossimi mesi. Ci siamo sentite subito accolte e supportate nel nostro lavoro. Rishilpi infatti è un piccolo villaggio che accoglie con cura chiunque voglia entrare con il cuore pronto a raccogliere amore, a prescindere da quale sia la sua casta o quali siano le sue difficoltà.

È sempre difficile raccontare ciò che si vive durante un viaggio ESF, complessità e bellezza si mescolano in un turbinio di emozioni e sensazioni nuove e sorprendenti. Provando però a spiegare lo spirito di questo luogo mi viene subito in mente la storia di U., un ragazzo che dal 2010 vive alla Rishilpi. Due anni fa ha avuto un incidente e ha perso l'uso delle gambe. Pensava di non avere più un futuro, di non poter avere l'opportunità di studiare, di sognare e desiderare una vita piena di felicità e invece arrivando alla Rishilpi tutto è cambiato. Per un ragazzo che utilizza la sedia a rotelle è difficile frequentare l'università, ci sono ancora barriere architettoniche che impediscono il movimento e difficilmente in Bangladesh una persona con disabilità riesce a trovare lavoro. Monica però, la presidente dell'associazione, ha creduto e supportato con costanza i sogni di U., che ha concluso l'università a Dacca nel 2022.

Avere l'opportunità di poter condividere i propri sogni, i propri desideri e avere qualcuno che ci supporta, che crede nelle nostre capacità e possibilità, a volte più di quanto inizialmente ci crediamo noi stessi, è un po' ciò che fa ESF: ti accompagna nella crescita personale e professionale come Monica ha fatto con U., ed è questo ciò che, dopo anni, mi spinge a continuare a essere un'Educatrice Senza Frontiere.

All'inizio del mio percorso non avrei mai pensato di riuscire a organizzare formazioni e proporre laboratori in luoghi così lontani. Ma ESF ha creduto in me e mi ha tenuto per mano in questo cammino. Non vedo l'ora di continuare a sorprendermi e crescere insieme a tutti i miei compagni di viaggio.

Grazie ESF, sempre.

Sara
Milano: Ci vuole coraggio per crescere

Tutto cambia, dentro e spesso anche intorno: cambiano i corpi e i comportamenti dei compagni, ma cambiano anche le reazioni degli adulti di riferimento, a volte spiazzati da questi nuovi individui che mutano pelle sotto i loro occhi, trasformandosi, e che talvolta si fa fatica a riconoscere, nonostante la frequentazione continua. Bisogna fare uno sforzo, per riuscire a ricordare che sotto questa nuova pelle c'è ancora quel bambino dai grandi occhi spalancati o quella bambina timida e silenziosa.

Per crescere ci vuole coraggio.

Tutto ciò che prima era controllato, guidato, disciplinato, esplode in un tumulto di nuove percezioni e sensazioni. L'adolescenza sa essere un mondo davvero magico, dove gli amici si somigliano, in caratteristiche fisiche, abitudini e passioni – oppure no, perché anche le amicizie, come gli amori, appaiono talvolta inspiegabili.

Sono partita da Pomezia insieme a Sara, Giuditta, Carola, Aurora e Isabella. Desideravo che vivessero giorni di pace e intensa formazione. Giorni speciali che solo La Bottega delle Parole può regalarti. E così, di colpo, la magia.

Noi e Loro, ma poi solo Noi. Ci vuole coraggio a stare seduti per un po' di tempo senza alzarsi dal tavolo, a rivolgere lo sguardo, ancor prima che la parola, a tutti quei ragazzi e ragazze sconosciuti di Milano, a raccontare le proprie esperienze, a dire quello che si pensa anche se si ha paura che sia sbagliato o che non interessi a nessuno, e a gestire il peso della tua immagine che vorresti svanisse nel nulla.

Una settimana di intenso lavoro sugli autoritratti: dare forma alle immagini e sentire che tutto parla secondo il linguaggio di chi li ha disegnati, posizionati nello spazio del foglio e colorati.

Disegnare e poi scrivere, scrivere e poi disegnare. Ascoltare le storie dell'adolescenza è un privilegio. Significa varcare una porta socchiusa, a volte aperta o addirittura spalancata e sentire l'irruenza delle parole che arrivano. Le parole pronunciate e quelle scritte, le parole che occorrono per esprimere emozioni, sensazioni, e quelle che servono a narrare, le parole che avvicinano e che allontanano, le parole da cui nascono storie.

Oggi sono tornata e mi chiedo ancora: quand'è che noi adulti perdiamo la fiducia, la tolleranza, quella pazienza, quell'amore o affetto che trasformano anche i peggiori difetti in particolari significativi e sopportabilissimi, addirittura amabili? Quando perdiamo quello sguardo attento, che paradossalmente solo gli adolescenti hanno, tramite il quale capiamo che più siamo vicini più siamo pronti a cogliere solo l'intima e profonda sostanza dell'altro, così da amarlo a prescindere?

Ci vuole coraggio per crescere, ma un grande impegno a non perdersi.

Luisa
Angola: La spontaneità di inventare, di creare, di trasformare

Una delle prime cose che mi è balzata all'occhio dell'Angola, soprattutto nelle due grandi città di Luanda e Huambo, è stata la grande quantità di rifiuti sparsi ovunque. Forse perché ci hanno bombardato qualche anno fa di notizie in cui ci ritenevano responsabili della distruzione del nostro pianeta, ci siamo più o meno abituati a rispettare l'ambiente e a sapere a memoria dove vanno i rifiuti di vario tipo.

Non si vede spazzatura ai bordi della strada, non si lancia il fazzoletto con cui ci si soffia il naso per terra o la carta della caramella. Sono atteggiamenti automatici a cui non prestiamo nemmeno più attenzione. In Angola questa attenzione non è così comune e la grande quantità di rifiuti fa da cornice in molti luoghi e risalta maggiormente quando si tratta di ambienti naturali.

Ho potuto osservare come invece qui i bambini ci giocano, per loro è come una caccia al tesoro, scovare nuovi oggetti con cui giocare e da riutilizzare come passatempo. Inizialmente la cosa mi ha destata parecchio emotivamente. Poi ho lasciato fuori il giudizio e guardato pian piano le cose diversamente.

Nel Centro de Acolhimento Criança Feliz di Huambo che ospita bambini e adolescenti, la spazzatura si chiama *liscio* ed è presente anche qui in maniera sostanziale. Un giorno abbiamo provato a fare un gioco e a fare a gara a chi ne raccoglieva di più, ma il gioco poteva durare all'infinito e, anche se avessimo tolto tutto, sarebbe durato poco tempo *todo lindo*. Sorprende come gli educatori e gli adulti del centro e del posto non si scandalizzino per niente per tutti quegli oggetti in giro, per tutti quelli che nel senso comune sono rifiuti. La parola rifiuto definisce qualcosa di cui ci si vuole disfare, che si vuole escludere perché non ha utilizzo per chi la detiene. Qui un oggetto che per qualcuno è un rifiuto per qualcun altro può servire a qualcosa.

Qui si impara che i rifiuti non sono qualcosa di brutto o inutilizzabile, anzi sono addirittura delle possibilità di trovare un intrattenimento, un gioco, un oggetto da scoprire.

Se non addirittura, per i bambini di strada, una sopravvivenza quotidiana. Ogni tanto li vedevi lanciarsi nel *liscio* per giocare a fare le acrobazie così da non prendere colpi troppo duri al loro atterraggio, altre volte erano intenti a scoprire come potessero essere utilizzati pezzi di qualcosa trovato in giro, altre ancora inventavano giochi o una maniera per intrattenersi nelle pause quotidiane (tappi delle bottiglie, creazione di oggetti, di luci, gioco del calcio con qualsiasi cosa, cappelli, oggetti per una scenetta ecc.).

In questo modo si tiene viva la curiosità, si lascia spazio all'immaginazione e si crea il terreno per la creatività, che per i bambini è qualcosa di naturale, spontaneo e direi anche sacro. Ho cambiato idea e cercavo di osservarli mentre erano intenti a trasformare i rifiuti.

Anche quando non hanno oggetti loro inventano canzoni, balli o raccontano storie.

È stato interessante osservare come l'attività di riciclo delle bottigliette di plastica proposta sembrava l'avessero già dentro di loro o come non ci fosse bisogno di palloni reali perché in qualche modo ne costruivano uno.

La condivisione con gli educatori locali mi ha permesso di mettere a fuoco molti altri aspetti, culturali, umani ed etici, che nell'incontro con culture diverse possono risultare difficili da comprendere. Se invece si raccoglie tutto, ogni cosa si può trasformare in qualcos'altro. Oppure fa semplicemente scoprire qualcosa di nuovo.

L'Angola insegna a capire come fare una specie di raccolta differenziata con l'esperienza, con la vita quotidiana, con gli incontri, con il lavoro, con le caratteristiche delle persone. Si può raccogliere e accogliere e poi differenziare tutto, provando a dargli un aspetto diverso, nuovo senza buttare via nulla.

Credo che la ricchezza di questo viaggio sia stata proprio nello scambio di atteggiamenti, esperienze, vissuti con gli educatori, mentre con i ragazzi di materiali, di visioni del mondo, di curiosità, di giochi, di canzoni, di danze e andrei avanti all'infinito. Qui si impara a raccogliere tutto e trasformarlo o ci si inventa qualcosa, si creano nuove cose, esperienze, storie. Sguardi e prospettive diverse. Anche da qualcosa che si ritiene inutile e non bello qui si impara tanto. Io ho imparato tanto su cosa prendere, lasciare, trasformare. Di materiale e non.

David
Isola d'Elba: I cerchi concentrici generati dalle nostre decisioni

Sono già trascorsi due mesi dal mio ritorno dall'Isola d'Elba, due mesi dove sono accadute diverse situazioni, come normale che sia, ma che hanno avuto una costante: il pensiero su ciò che sono stati quei giorni di campus e il desiderio di concedermi del tempo, anche solo per immaginarli nuovamente e trasformarli in parole.

Seduto sul balcone di casa, con un quaderno in mano, mi viene subito in mente il nostro diario di viaggio che ogni giorno girava di persona in persona insieme alla macchinetta delle istantanee, immagini che avrebbero accompagnato i nostri respiri scritti.

Ripenso a dei momenti che avrei voluto incorniciare col bordo bianco, fermandoli nello spazio e nel tempo.

Il colore dorato dei riflessi sulle dolci onde del mare ci sta avvisando che il sole piano piano comincerà la sua discesa. Sul bagnasciuga alcuni ragazzi lanciano dei sassi in acqua, cercando di farli saltare più volte possibile, gareggiando a chi riuscirà a fare il tragitto più lungo, senza che il sasso affondi troppo presto. Ci sono anche io con loro e mentre giochiamo rifletto sui nostri gesti, sulla cura che abbiamo nello scegliere il sasso migliore, la concentrazione e l'attenzione dei movimenti prima del lancio, l'osservazione dei balzi leggeri dei sassi sullo specchio d'acqua, l'entusiasmo per il lungo percorso fatto, tra salti, curve, imprevisti e arrivi, gli scambi di gioia o di delusione a seconda del risultato, le parole e i gesti condivisi insieme.

Penso a quanti cerchi concentrici possiamo produrre a seconda della scelta dei nostri comportamenti e parole, prendo la mia ipotetica penna indelebile e scrivo sulla cornice: «Immaginiamoci sassi danzanti sull'acqua».

Il cielo e il mare oggi hanno quasi lo stesso colore, non si noterebbe molto la separazione tra i due se non fosse per il bianco della barca e della vela. È una mia prima volta e, come tutte le prime volte, va conservata tra i nostri ricordi, ma anche accudita e coccolata, come mi son sentito io oggi da parte di tutta la «ciurma». Mi son lasciato totalmente guidare dai ragazzi, non conosco nulla di venti, cime e nodi e loro mi hanno accompagnato nel fare. È stato bello sentirsi dall'«altra parte» e vivere la stessa fiducia e curiosità che durante questo campus, e non solo, i ragazzi hanno riposto nei nostri confronti.

Tuffandomi in mare trovo la mia penna indelebile e, mentre li osservo dal basso, scrivo sul bianco della cornice: «Possiamo tutti essere utili, che sia o non sia la prima volta».

Benedetta
Romania: Ci sono luoghi...

Ci sono luoghi dove accadono delle cose grandi. Non è immediato capire perché accada: apparentemente potrebbero essere percepiti come insignificanti, non battuti, senza qualcosa di oggettivamente speciale che li contraddistingua. Ci sono luoghi che richiamano anime che si riconoscono tra loro, che per un qualche motivo finiscono lì, senza avere troppo chiaro quale sia questo motivo. Ci sono luoghi dove cambiano gli ingredienti, i tempi di fermentazione, le temperature, ma il risultato è sempre una magia. Ci sono luoghi che non creano aspettative ma generano sorprese. Ci sono luoghi che sono destinati a segnare in qualche modo la vita di chi li attraversa, lasciando segni diversi, ma comunque segni di cui non ci si può scordare. Ci sono luoghi sottovalutati, che poi diventano luoghi del cuore.

Panciu, piccolo comune in un'area remota della Romania, è uno di questi luoghi.

Viaggio dopo viaggio continua a stupirmi la potenza del suo vortice, in cui le vite di chi lo attraversa finiscono per essere scosse, nonostante la sua disarmante semplicità. Le vite di chi lo attraversa, come la mia che ha per sempre cambiato la rotta dei sentieri da percorrere dopo averlo abitato con tutto il cuore più di dieci anni fa. Come quella di tante altre persone in cammino, che per un qualche caso vi hanno transitato e per scelta continuano instancabilmente a tornarci. Come quella delle mie compagne di viaggio, che si sono delicatamente avvicinate per scorgere una realtà nuova, e se ne sono andate con la consapevolezza di aver trovato una nuova casa che da ora in poi le aspetterà.

Il tempo non conta più, quando succedono cose grandi: può trattarsi di un anno come di dodici giorni.

Silvia
Angola: Chi sono i supereroi?

Sono passati quattro anni dal mio ultimo viaggio con Educatori Senza Frontiere ed ero proprio qui, in Angola, nel Centro de Acolhimento Criança Feliz di Huambo, insieme ai ragazzi e agli educatori che, qualche settimana fa, ci hanno accolto con grande entusiasmo e affetto.

C'era molta attesa, sia da parte nostra che dei ragazzi: siamo tutti cambiati, cresciuti, abbiamo molte cose da raccontarci, ma lasciamo che i giorni trascorrano in maniera lenta e serena, condividendo i ricordi e i pensieri di oggi.

Ci sono nuovi occhi con cui guardare questo luogo, nuove consapevolezze, più esperienza e meno ostinazione. Un nuovo obiettivo: la formazione per gli educatori della comunità.

I due educatori, che lavorano quotidianamente accanto ai bambini e ai ragazzi del centro di accoglienza, li abbiamo conosciuti nel 2019 e hanno iniziato a collaborare con noi di ESF con grande motivazione e spirito di squadra. Questi anni di distanza sembrano, apparentemente, non essere passati. Abbiamo, da entrambi i lati, voglia e desiderio di iniziare un piccolo percorso di formazione insieme. Da dove partire?

Cominciamo da noi stessi e dal nostro essere educatori, due lati che non si possono scindere, allontanare, escludere: ciò che sono dà vita e forma alla mia professione. È per questo che gli educatori dovrebbero formarsi continuamente, lavorare e riflettere sulle loro risorse e fragilità, mettersi in gioco in un percorso di continua crescita. Difficile è, per noi, sentirsi «arrivati», formati completamente, anche dopo anni e anni di esperienza. Non basta mai ciò che sappiamo fare ed essere.

Perché? Perché lavoriamo con le persone, altrettanto uniche e portatrici di sogni, emozioni, possibilità. Ogni incontro ci insegna qualcosa, ci dà l'opportunità di migliorarci.

E se immaginassimo di essere dei supereroi, come saremmo?

Il supereroe non è inteso come invincibile, onnipotente, insuperabile, e di certo l'educatore non è tale. Ma ci piace pensare all'educatore come a un personaggio che ha dei «poteri», ovvero le proprie risorse e abilità, e delle vulnerabilità, il «tallone d'Achille» che lo rende attaccabile. Durante la prima formazione con gli educatori di Huambo, ci siamo divertiti a immaginare di essere dei supereroi, rappresentandoci con tutti i nostri superpoteri e le nostre fragilità. E poi ci siamo chiesti: «Come sono diventato supereroe?».

Uno degli educatori ci racconta: «Perché sono diventato supereroe? Perché ho incontrato persone senza affetto, direzione, propositi. Come? Quando ho amato il figlio di un altro come se fosse mio. Quando ho cercato di dividere il mio amore con persone che, a prima vista, erano estranei e poi, dopo alcuni istanti, sono diventati famiglia. Essere educatore non è professione, è passione».

Ritrovare la motivazione iniziale è sempre utile, a volte ci ricorda il «perché» e il «come» stiamo lavorando, ci fa comprendere se stiamo perdendo un po' la strada iniziale, ci aiuta a fare chiarezza se siamo confusi, ci dà la possibilità di trovare, all'interno della nostra équipe di lavoro, una spalla su cui poggiarci, oppure di offrirla a chi ne ha bisogno. L'educatore non può lavorare da solo, un po' come il supereroe, perché ha bisogno anche dei «poteri» degli altri per fare del suo meglio, perché con il suo «potere» può proteggere la vulnerabilità dell'altro e lasciare che i suoi compagni di avventura facciano lo stesso per lui.

Creiamo connessioni con chi ci circonda, pianifichiamo linee di «attacco» e di «difesa», siamo dei personaggi non proprio mascherati, ma sappiamo indossare diversi costumi. Ci piace viaggiare, spostarci lontano, anche solo ascoltando dei ricordi del passato o leggendo dei libri illustrati. Sappiamo sognare. Dobbiamo sognare, progettare e crescere, per combattere per i nostri bambini e ragazzi, perché il loro futuro abbia bisogno di meno supereroi.

Sonja
Bolivia: Punti di vista e punti focali

Fotografare significa scrivere con la luce.

È una questione di equilibrio tra apertura e tempo di esposizione.

La fisica moderna ci impone la velocità della luce

come la massima velocità raggiungibile in natura e con questo semplice concetto fa a brandelli l'idea di tempo da noi ereditata, cioè del tempo come qualcosa di indipendente dalle cose e assoluto.

Per quanto mi riguarda, gli scatti sono il mio tempo, non le ore o i giorni della settimana, ma i paesaggi e le persone che fisso nella mia memoria interna sono la mia lancetta che scorre.

È quello che succede nei viaggi in fin dei conti, se può aiutarvi a capire quanto cerco di esprimere: il tempo, come lo conoscete, non esiste.

Perdonatemi la mancanza di formalità... non mi sono ancora presentata! Sono Nikon D5600... colei che mi possiede non si è di certo preoccupata di darmi un altro nome, ma è molto legata a me e alle immagini che conservo, immagini custodi di emozioni che riemergono violente come quando si apre una finestra al mattino per far entrare la luce in una stanza addormentata.

Viaggiamo insieme da pochi anni e non sono mai andata così lontana da casa. Bolivia.

Ho paura di non essere all'altezza e sento che lei, per ragioni diverse dalle mie, prova lo stesso.

Riposo nella mia solita oscurità tra il suo diario di viaggio e la felpa, quando mi sento afferrare.

Posso aprire gli occhi ora, e guardare: c'è un fiume marrone circondato da alberi e piante mai viste mentre il cielo ha quel colore inconfondibile del tramonto. Questa è la sua prima foto e il mio primo ricordo di Riberalta.

Volti nuovi, in posa, circondano lei e le sue compagne di viaggio, curiosi e imbarazzati ma accoglienti.

Siamo in Bolivia da un po' e ho imparato a riconoscere i momenti che separano l'ozio dal lavoro. Tra poco inizieranno i laboratori con gli studenti, poi quelli con genitori e docenti.

Mi diverte vedere i ragazzi che si imbarazzano di fronte a me, e poi vedere quelli che si fanno seri per dare un tono a quello che stanno scrivendo o disegnando: sbircio i loro racconti sopra le emozioni e le sagome dei loro corpi. Quelli più audaci invece si mettono in posa facendo un gesto con tre dita di cui ignoro il significato.

Tutto resta impresso nella mia scheda di memoria che, prima di partire, lei ha controllato avesse spazio sufficiente per farci stare dentro tutto.

Gli scatti si susseguono.

Adulti intorno a un tavolo che disegnano insieme su un foglio gigante. Adulti che tornano bambini giocando tra loro.

Adolescenti in cerchio.

Genitori e docenti in cerchio.

Passeggiate bendate e corse sfocate, emozioni difficili da mettere a fuoco.

Monseñor Eugenio.

Marco e Junior e Valdo e Carmen.

Fili che nascono da fogli e fogli che nascono dai volti o il contrario... Risulta difficile capire quale sia il passato e il futuro per una come me che sigilla il presente come un marchio sulla ceralacca. Quella rossa. Come questa terra amazzonica che si fa strato sottile sulle cose e sulle persone. Rosso come il fuoco che brucia le foreste e che ho visto durante i loro spostamenti.

Ho visto più di 300 studenti, più di 250 docenti e genitori attraversare con la loro luce il mio obiettivo, perché tutti i laboratori si sono conclusi con un autoscatto di gruppo.

Non so dire come siano i loro volti quando arrivano all'incontro ma so come sono quando se ne vanno: sorridono rilassati, felici e divertiti.

Non quei sorrisi in posa ma di chi ha il cuore pieno... fidatevi di me che, in questo, vanto una certa esperienza!

Valentina
Isola d'Elba: Niente di più, ma anche niente di meno

1° agosto 2023. Sono arrivata a Piombino dopo un lungo viaggio in treno e sto aspettando di imbarcarmi dopo essermi finalmente ricongiunta con i miei compagni.

Mi arriva inaspettata la chiamata di Marta, responsabile della Comunità la Mammoletta dell'Isola d'Elba, che mi chiede un favore semplicissimo: accompagnare nel viaggio in traghetto C., arrivato anche lui come noi a Piombino per il campus, così da evitare alla mamma che lo accompagna di fare il viaggio in mare. Succede così, nel giro di qualche secondo di telefonata e dopo aver cercato e incontrato C. nella zona imbarchi, che mi accorgo che il mio viaggio è all'improvviso davvero iniziato.

Uno sguardo curioso e indagatore quello di C., sfuggente, tenero ma velato da un peso oscuro, sembra cercare qualcosa e un po' chiedersi cosa ci faccia là... mi colpisce subito, come mi colpisce lo sguardo della mamma di C., che mi appare così piccola di fronte alle fatiche passate ma così determinata e fiduciosa nei nostri confronti da affidarci il suo ragazzo per questi dieci giorni con un grande sorriso di speranza. Saliamo le scalette che ci portano all'ingresso della nave e la salutiamo dall'alto. Poi entriamo, noi cinque più C.

La responsabilità che mi ha investita in quell'esatto momento l'ho proprio sentita appoggiarsi nel cuore. Mi sono chiesta, nell'ora di tempo che ci separava dalla riva opposta, osservando C. guardare le onde del mare in silenzio, quanto il nostro veloce passaggio nella vita dei ragazzi che stavamo per incontrare potesse significare per loro. Quante aspettative erano riposte in noi, da parte dell'équipe della Mammoletta, delle famiglie, dei ragazzi stessi? Questi pensieri inizialmente mi hanno accompagnato come una sorta di zavorra che mi ha fatto studiare attentamente ogni passo: mi sentivo un funambolo a metri d'altezza.

Poi, piano piano, senza che io ne riesca a individuare l'esatto momento, è stata proprio la responsabilità di cui mi sono sentita in-caricata a diventare il motore delle mie giornate al campus.

Ora dopo ora, sguardo dopo sguardo, parola dopo parola ho percepito che il cuore della mia esperienza e tutto ciò che potevo lasciare a questi ragazzi in questi giorni era la consapevolezza di essere in qualche modo, in minuscola parte, responsabile di accompagnarli in un tratto della loro strada, fino a qui sterrata e tortuosa. Per pochi giorni, magari giusto il tempo di un'attività o di una partita a ping pong sotto la pioggia, di una condivisione seduti vicini a pranzo, di una canzone intonata insieme, di uno slow-motion mentre qualcuno si improvvisa Roberto Bolle, di un «sono felice che tu abbia deciso di esserci comunque» sussurrato all'inizio di una mattinata di attività in anfiteatro.

Essere presente in maniera piena, consapevole, totalmente dedicata, abitare il tempo insieme intensamente, con lentezza, concentrazione e attenzione all'altro, non volendone sprecare nemmeno un secondo.

In questo «modo di essere» si è plasmata la responsabilità-motore che mi ha permesso di essere me stessa e soprattutto Educatrice Senza Frontiere. Niente di più, ma neanche niente di meno. Da questa presa di consapevolezza ho avuto in cambio così tanto da non sapere dove e come contenerlo.

E chi sarebbe stato preparato a dover custodire attimi di meraviglia, poesie-sasso, isole segrete, carretti di Lego pronti a partire, obiettivi di rinascita, sogni nel cassetto, sguardi di giovani donne e uomini che ce la mettono tutta per prendere in mano la loro vita? Condividere tutto ciò con i miei compagni, potersi ritrovare nel loro sguardo stupito di quando i ragazzi si aprono oltre ogni aspettativa, soddisfatto della riuscita di una proposta e a volte anche velato di frustrazione quando qualcosa non va secondo i piani, è stato il valore aggiunto a questo viaggio inaspettato, che si è rivelato ciò di cui avevo bisogno.

Condividere insieme a loro la responsabilità grande che abbiamo il privilegio di avere quando partiamo è stato un regalo. Mi auguro di non dimenticarmi di quanto scoperto una volta ripreso il traghetto verso la terraferma, perché anche nel mio essere educatrice tutti i giorni io mi possa ricordare sempre di quanto siamo importanti, in maniera infinitesimale forse, ma quanto basta per ogni C. che incontriamo lungo la nostra strada affinché sappia di non essere solo in questo viaggio, e questo mio sapermi importante guidi e indirizzi come un faro il mio «essere per gli altri» al meglio.

Lucia
Madagascar: Equilibrio sospeso

«Ora chiudete gli occhi, fate un bel respiro, apriteli e uscite. Iniziate a camminare intorno ad Ambalakilonga. Concentratevi su quello che i vostri sensi percepiscono: com'è l'aria? Che profumi sentite? Quale sensazione prova la vostra pelle? Quale suono vi attraversa?»

Esco e inizio a camminare con le mani nelle tasche della giacca, provo ad accogliere quello che arriva...

Sono partita senza aspettative, ho messo in valigia un barattolo di Nutella, qualche vestito e tantissima voglia di accogliere e lasciarmi attraversare, senza farmi troppe domande.

Arrivata all'aeroporto eccoci qui, noi sette, da ogni

angolo d'Italia. Storie diverse ma tante cose in comune: una, tra tutte, la voglia di riscoprirci attraverso questo viaggio.

Sonni profondi sulla moquette dell'aeroporto, partite a Uno, qualche pagina di un buon libro, tre voli e due scali dopo eccoci a Tana.

Il viaggio dalla capitale ad Ambalakilonga ci regala frammenti di una terra profondamente diversa dalla nostra, fatta di colori accesi, nuvole vicine, sorrisi generosi e mani che si allungano e si intrecciano.

Respiro profondamente, sento la pancia che si aggroviglia, provo emozioni contrastanti e cerco parole che non trovo. La porta del pulmino si apre e le parole arrivano calde da fuori: «Tonga soa Ambalakilonga».

I ragazzi, Cristina e Bianca ci accolgono con il loro sorriso più bello.

La mattina con i ragazzi di Human: scopriamo come essere degli educatori creativi.

Il pomeriggio facciamo un grande cerchio e iniziamo a costruire uno spettacolo di clown! Palline, nasi rossi e piatti: le ore trascorrono così, spensierate e faticose allo stesso tempo.

È l'ora del debutto. Tutti in fila dietro le quinte e si entra in scena: prima al Don Bosco e poi alla Maison Magone, i bambini restano affascinati dal nostro spettacolo e iniziamo a giocare tutti insieme: «C'è qualcosa di più magico?» penso dentro di me.

Mi giro e guardo il gruppo: ci incastriamo alla perfezione.

Guardo in basso: la terra rossa è attaccata alle mie scarpe e lì, proprio in quel momento, realizzo che non se ne sarebbe andata più via.

Sono felice, felice come raramente lo sono stata. Tutto è in equilibrio, un equilibrio sospeso.

Tolgo le mani dalle tasche, apro la porta della cappella ed entro: la melodia delicata e intonata del *Padre nostro* mi rimbomba dentro.

Le scarpe stese sul balcone dei ragazzi, i fili d'erba e le foglie che si chiudono se le sfiori. Da piccola capivo che eravamo arrivati al mare quando vedevo la bougainvillea di casa dei nonni: «Eccomi nel mio posto» pensavo.

Fuxia e maestosa, è stata la prima ad accogliermi in questa nuova casa.

Rimango ferma e lascio che tutto questo continui a succedere, a scorrere e ad abitare questo posto, un posto in cui chiedi permesso prima di entrare e, senza accorgertene, è lui che è entrato dentro di te.

Laura
Milano: La magia del parco Lambro

Entrando dal cancello della cascina, si sente già una sensazione di leggerezza e magia. Basta qualche passo per farsi trasportare dal rumore del fiume che scorre, dalla bellezza del mulino e dei fiori profumati che invadono l'aria.

Proseguendo per pochi metri, sulla sinistra, si trova la casa di Margherita.

Salite le scale, il regno del campus bimbi inizia con una prima sala, dalle pareti basse, a mansarda, con le sedie nominate per ogni bimbo, su cui riporre le cose portate da casa, il pranzo, lo zaino e il necessario per la giornata. Qualche divanetto arricchisce gli spazi, nei quali sono state fatte le merende di metà mattinata e qualche piccolo riposino.

Superata questa stanza, si arriva al salone magico: le vetrate si susseguono per i tre lati, permettendo alla luce di penetrare e illuminare il campo da gioco; il soffitto alto, costellato da travi in legno, amplia gli spazi; l'aria condizionata, indispensabile per il caldo afoso di Milano, permette la sopravvivenza. In questa stanza, semplice ma stracolma, vengono racchiusi i momenti più speciali e i ricordi che il campus ha creato. I muri hanno accolto risate e pianti, silenzi e urla, paure e tremori poi trasformati in affetti e nuove amicizie.

Alla destra della porta, si trovano subito i lavori dei primi giorni: ogni bimbo ha lasciato l'impronta del proprio arrivo creando un oggetto che richiamava una macchina fotografica, e la propria immagine immortalata in una Polaroid. Posta sotto alla «macchina fotografica», con dello spazio libero per nuove foto che verrà arricchito dai momenti che verranno.

Fatto qualche passo, il tavolo dei regali sorpresa con la pasta di sale occupa lo spazio appena davanti la vetrata.

I nostri protagonisti hanno compiuto queste opere dopo aver pescato un bigliettino contenente il nome del destinatario a cui donare il regalo fatto a mano. Sono state ore di precisione, colme di impegno per poter consegnare il dono più bello possibile; spaziando dalla pizza a pupazzi di neve, patatine fritte, Teletubbies, piccoli gattini... ognuno ci ha tenuto a rappresentare quello che era importante per sé o per l'altro, creando qualcosa di unico e speciale.

Se ci si sposta verso sinistra, invece, c'è il muro dei disegni, riportante tutti i dipinti fatti dai bimbi durante il gioco libero, e successivamente le maschere della paura, che occupano il tavolo a bordo stanza.

Dopo aver letto un libro che raccontava delle tante varietà di paura, da quelle più personali ed emotive a quelle più fisiche ed esterne, i nostri piccoli creatori hanno pensato a quello che a loro incute timore, riflettendo a fondo per trovare la paura più forte. L'esercizio successivo è stato quello di creare delle maschere rappresentanti il timore prescelto, per riuscire poi a trovare la mossa d'attacco perfetta per combattere le proprie angosce. Scavando a fondo nella propria mente, sono state rintracciate quelle ansie che spesso agitano durante le settimane; ognuno ha trovato il tempo necessario per riflettere sulle proprie emozioni e sensazioni.

Cambiando parete, ecco i giochi per il tempo libero: Dobble, Taco gatto capra cacio pizza, la torre di costruzioni, Uno e tanti altri, tutti giochi che hanno scatenato infinite risate, divertimento e competizione, per permettere ai bimbi e alle maestre di svagarsi prima delle nuove attività.

Spostando un po' lo sguardo verso il centro della sala, qualcosa di rosso pende dalle travi del soffitto. È un tessuto aereo che ha suscitato curiosità nei piccoli perché permette di provare posture inedite con il corpo. Il bozzolo è stata la nostra preferita: realizzando un nodo alla base, ognuno ha potuto provare a nascondersi dentro chiudendo tutti i lembi, nascondendosi, facendosi cullare dolcemente, creando un piccolo mondo temporaneo all'interno, per potersi rilassare un po'.

Ed ecco, infine, nell'angolo più lontano dall'ingresso, il vero spazio dei riposini: materassini ricoperti da stoffe colorate, che ricordano altri mondi, provenienze diverse.

Che sia stato per leggere un libro, fare due chiacchiere in compagnia, guardare un film o chiudere completamente gli occhi per qualche minuto, l'angolo dei riposini è stato accogliente verso le richieste di ognuno, lasciando uno spazio di tranquillità a chi ne sentiva il bisogno, necessario per rigenerarsi e ricaricarsi nei momenti più faticosi.

In una stanza, trasformata in qualcosa di magico, sono stati custoditi tutti i momenti trascorsi, dandogli valore e significato. Ogni angolo testimonia quanto accaduto, racchiudendo la gioia e i sorrisi dei bimbi e di ognuna di noi «maestre». Quelle pareti hanno ancorato e fissato a sé mille emozioni che hanno caratterizzato le giornate del campus. Ci sono state le fatiche, lo sfinimento di noi «maestre», ma anche la voglia infinita di continuare a fare, inventarsi e provare.

Il campus bimbi, nonostante le sveglie presto, le urla

dei bambini e la stanchezza cronica, rigenera. Nonostante l'aria afosa di Milano e l'inquinamento che la città provoca, permette di prendere aria e riempire i polmoni per ricaricarsi. L'intensità dei giorni trascorsi in cascina donano energia, aiutano a tornare a casa con il cuore pieno ma più leggeri, pronti a riprendere la vita lasciata, rigenerata, avendo gli occhi curiosi e aperti ad accogliere quello che verrà.

Giorgia
Isola d'Elba: Cara me...

Cara me...

Questa è la lettera mancante di questo viaggio!

In questo mese hai avuto ben tredici compagne e un compagno di viaggio. Con loro hai vissuto tre viaggi in uno. Con ognuno di loro vi siete scambiati una lettera alla fine di ogni turno, ma ne mancava ancora una. Allora eccomi qui a dedicarti le ultime, o forse prime, parole.

Cara me, se mi guardo indietro e penso alle emozioni che vivevano in me prima ancora di partire, posso dire che non erano per nulla infondate. Prima di partire ero agitata, a tratti preoccupata, mi sono domandata più volte se sarei stata all'altezza. Sentivo una grande responsabilità, ero stata chiamata a essere la referente dei tre campus alla Mammoletta, luogo a me familiare in questo ultimo anno, eppure tante cose sarebbero state nuove: i ragazzi, le mie compagne, trenta giorni anziché dieci, responsabilità e consapevolezze diverse. Nonostante tutto ho cercato di mantenere la calma, di farmi trovare pronta, come nella canzone di Niccolò Fabi che da sempre porto con me: «Non si è preparati mai abbastanza ma si è pronti da sempre».

Così è iniziato questo mese, anche nei momenti in cui mi sono sentita smarrita ho cercato di non perdere di vista i vari obiettivi e ci sono riuscita praticando «l'accoglienza». In questo ultimo anno sto imparando che il modo migliore per confrontarsi con gli ostacoli, gli imprevisti, le difficoltà, non è lottandoci contro ma bensì «collaborandoci». Ho collaborato prima di tutto con le mie compagne, cercando di essere una guida, un punto fermo per loro, ma allo stesso tempo non ho mai nascosto le mie debolezze, le mie stanchezze e ho permesso loro di potersi prendere cura di me, di agire mettendo in gioco tutte le loro capacità e qualità, quindi fidandomi di loro ciecamente.

Ho collaborato con i ragazzi e le ragazze del campus, sia quando si lasciavano guidare sia quando remavano contro, quando avevano bisogno di qualcuno che li ascoltasse, che li vedesse per la prima volta, che porgesse loro una mano. Mi sono sentita privilegiata nell'aver potuto vedere le loro maschere cadere anche solo per qualche secondo, quei momenti in cui si permettevano di vivere i loro 14, 15, 16 anni come fosse giusto viverli e non come il mondo fuori gli imponeva di farlo.

Cara me, hai imparato a collaborare con la rabbia che si muoveva dentro di te ascoltando le storie di ognuno e hai provato a trasformare quella rabbia in possibilità di rivalsa per ognuno di loro, guidandoli dentro il labirinto, aiutandoli a vedere il loro genio o a superare i loro limiti. «Collaborando con l'inevitabile», come direbbe quel genio di Roberto Assagioli, ti sei data la possibilità di scoprire la bellezza in ogni singolo momento, quando le cose andavano secondo il programma prestabilito e quando invece tutto andava al contrario di tutto, dando la possibilità di rinnovare lo sguardo verso gli altri e verso se stessi.

Cara me, in questo mese sei cresciuta molto, tante di quelle paure iniziali si sono trasformate in consapevolezze e punti di partenza, ti auguro di non smettere mai di camminare, di fidarti sempre di chi ti è accanto e ti prende per mano, di non aver paura delle tue paure e di saperle accoglierle come fai con quelle degli altri, di non smettere mai di vedere la bellezza dentro e fuori di te.

Cara me... grazie!

Monica
Angola: #Aberturamental

Nasce come uno scherzo, nella sede di Radio Maria a Viana, un municipio alle porte di Luanda con quasi due milioni di abitanti, l'hashtag tormentone di questa nostra avventura angolana. È la risposta improvvisata e inconsapevole (forse non del tutto!) di Laura, la più giovane del nostro gruppo, alla domanda di Eugenia, la conduttrice del programma radiofonico del mattino: «Cosa pensi di portare in Angola?». Ridiamo tutte, anche lei, che si è trovata un po' spiazzata perché nulla era stato concordato prima della trasmissione.

Poi, giorno dopo giorno, l'apertura mentale diventa un requisito indispensabile per accogliere e accettare un mondo così diverso da quello in cui siamo abituati a vivere. Ci libera dall'istinto di giudicare, dal bisogno di dovere capire a tutti i costi, ci interroga e fa persino vacillare quelle che riteniamo essere le nostre certezze, rivelando piuttosto le nostre paure.

Provo a essere più esplicita. Luanda, la capitale dell'Angola, è, a detta degli stessi angolani, il regno della *confusão*. Quasi nove milioni di abitanti su una superficie che fino agli anni Settanta del secolo scorso ne ospitava solo mezzo milione, così che la densità di popolazione attuale è pari a circa 71.000 abitanti per chilometro quadrato.

Pensate che in Italia il comune con la maggior densità è Portici, con 13.000 abitanti, mentre Milano e Napoli ne hanno appena, si fa per dire, 7500. Aggiungete un traffico incontrollato di auto, autocarri, moto, altri mezzi di fortuna e taxi collettivi di colore azzurro, chiamati *candungeiros*, che non bastano mai per la moltitudine di persone che sin dalle prime ore del mattino affolla i marciapiedi.

Perciò se chiedi a un luandese quali sono le sue maggiori preoccupazioni, puoi stare certo che tra le prime tre figura il trasporto, perché condiziona inevitabilmente l'andamento della giornata ed è molto spesso responsabile del ritardo cronico di qualsiasi attività. Pretendere la puntualità può dunque rivelarsi estremamente frustrante per chi considera il tempo una certezza.

A Luanda il tempo è quando qualcosa avviene, perciò non esiste il tempo perso. I minuti di attesa possono diventare ore, senza che ci sia ombra di disappunto in chi attende né imbarazzo in chi finalmente giunge alla meta. Una normalità che ci mette più volte in difficoltà, che fatichiamo ad accettare perché ci costringe a cambiare programma. O forse, per tornare alle nostre paure, ci fa semplicemente sentire che il tempo scorre via, inesorabilmente.

L'imprevisto sembra la regola e quando finalmente ci lasciamo andare scopriamo l'apertura mentale nell'altro. Come quando alla scuola di Nostra Signora di Guadalupe insegnanti e collaboratori si fidano di noi, rinunciano a un paio di giorni di ferie, e si mettono in gioco, nel vero senso della parola, per riflettere sull'importanza del gruppo.

Due mezze giornate di formazione che ci schiudono il cuore e gli occhi a una realtà complessa, in cui diversità e somiglianze si intrecciano come nella rete di filo di lana con la quale ci siamo uniti nel gioco iniziale in cui ciascuno si è presentato. Succede anche che alcune attività non si svolgano esattamente come le educatrici hanno previsto, perché i partecipanti interpretano la consegna in modo diverso, in parte forse per via del fattore linguistico.

Eppure ne escono restituzioni intense ed emozionanti, ci dicono addirittura che sarebbe bellissimo se tornassimo per incontrarci non solo con loro ma anche con gli studenti.

Una famosa citazione attribuita ad Albert Einstein recita così: «La mente è come un paracadute, funziona solo se si apre». Aprire la mente è mettersi in discussione prima di giudicare, comprendere anche ciò che non riusciamo ad approvare (il ritardo!), consolidare la propria identità rispettando quella dell'altro.

Marta
Bangladesh: Il nostro viaggio

Caro Educatore Senza Frontiere,

con queste parole voglio provare a raccontarti cosa è stato per me il viaggio di fattibilità in Bangladesh.

Ci voglio provare perché, anche se tu forse non lo sai, una parte di te era lì con me. Proprio tu, sì! Non ci credi? Adesso ti racconto, non avere fretta.

Nel caso in cui non lo sapessi, io e Monica, la nostra mitica Dottora, siamo state in Bangladesh due settimane, e in questo prezioso tempo, in questo viaggio per me unico e speciale sotto ogni punto di vista, abbiamo conosciuto le persone che vivono e sono parte della comunità di Rishilpi, un'associazione che opera nel territorio bengalese da molti anni, e da loro ci siamo fatte accompagnare alla scoperta di questa realtà e dei suoi infiniti colori.

Prima di partire ero pronta a lasciarmi sorprendere e avevo un gran desiderio di conoscere, osservare e provare a portare, in un modo un po' timido e acerbo, un pochino di noi in questa nuova realtà.

Sarebbe stata la prima volta, per me, in cui mi trovavo faccia a faccia con la conduzione di una formazione. Aggiungiamoci che sarebbe stato in un ambiente nuovo e in una lingua diversa: inutile raccontarti di come, nei giorni prima della partenza, mi sono chiesta se fossi all'altezza di questo compito, se avessi appreso abbastanza in questi anni e se sarei riuscita a trasmettere almeno un briciolo di quanto le formazioni hanno sempre trasmesso a me.

Hai mai avuto questa sensazione? Di aver ricevuto talmente tanto da non sapere come ridarlo indietro. Ma ho deciso che non avrei dovuto pensarci troppo e così mi sono fidata di chi mi ha dato fiducia.

Mi è piaciuto tantissimo preparare gli incontri, vuoi sapere perché?

Perché mi sono concessa del tempo per curiosare in anni e anni di archivi di Educatori Senza Frontiere, prendendo ispirazione da chi prima di me ha progettato, sperimentato e costruito incontri meravigliosi in diverse parti del mondo. Leggevo le parole di chi è stato in viaggio e in un attimo, dalla mia stanzetta di casa prima e da quella di Rishilpi poi, sono stata trasportata lungo anni e continenti: sono tornata in Bolivia insieme a Gabriella ed Elisa, con tutti quei fiocchetti rossi appesi alle sbarre di un cancello, passando da un Honduras invaso da clown, dall'Isola d'Elba e i suoi ragazzi; e ancora per l'Angola, il Brasile, la Romania, il Madagascar.

Ho ricordato i volti delle persone incontrate e ho immaginato i sorrisi, gli sguardi, la meraviglia di chi non ha mai incrociato fisicamente la mia strada, ma che ha camminato la nostra.

Voglio essere sincera con te. Per sentirmi pronta mi sono nutrita del lavoro che gli Educatori Senza Frontiere hanno svolto nel corso di questi anni ed è incredibile quanto sia stato fatto: ho cercato di farlo mio, di trasformarlo e renderlo attuabile in questa nuova terra di scambi e di possibilità, il Bangladesh.

Le due settimane sono volate e mi sono ritrovata a chiedermi cosa avessi ricevuto in dono da questa esperienza. La risposta, caro Educatore Senza Frontiere, forse la sai già: molto di più di quanto potessi mai immaginare.

Non riesco a spiegarti, ma credo tu possa capirmi, cosa significhi per me il fatto che, senza chiedere troppe spiegazioni e con il sorriso sulle labbra, le maestre, i maestri e i professori si siano fidati di noi e abbiano accolto le nostre proposte fatte di piedi nudi, musica e colori. Si sono messi in gioco, senza tirarsi indietro. È stato un regalo incredibile vedere come, nel giro di poche ore, la timidezza abbia lasciato il posto alla spensieratezza e alla libertà di lasciarsi andare.

Se mi fermo mi chiedo: «Com'è stato possibile?».

Alla fine, se ci pensi, non eravamo altro che perfetti sconosciuti originari da due parti del mondo diverse, con uno zaino sulle spalle pieno di vissuti che hanno poco in comune. Eppure... Eppure, eravamo molto di più.

Ho voluto raccontarti di questo viaggio perché devi sapere che dal Bangladesh abbiamo ricevuto un regalo speciale, di quelli preziosi, da custodire: ci è stata donata una terra fertile per poter piantare un piccolo seme e persone pronte a prendersene cura.

È stato sorprendente, sorprendente e meraviglioso, non riesco a spiegartelo con altre parole. E chissà se con lo scorrere del tempo questo seme diventerà pianta, e poi fiore e poi frutto, e una volta raccolto il frutto chissà se ci saranno altre persone pronte a prendersi cura dei nuovi noccioli e ad attendere l'arrivo della primavera per potere vedere le nuove vite.

Io questo non lo so e non vedo l'ora di scoprirlo, ma se qualcosa germoglierà, in questa terra di acqua e fiori di loto, so che avrà delle radici, rigogliose e forti, solide come quelle che ci hanno permesso di arrivare fino a lì, e di stare qui, caro Educatore Senza Frontiere, giorno dopo giorno insieme.

Matteo
Cammino di Santiago: L'imprevedibile

«Quale vecchio noi è morto e quale sopravviverà al ritorno?»

Ho trovato queste parole in uno di quei bar rigonfi di persone che trovi sulla strada per Santiago. Inaspettato era il luogo, e inaspettate quelle parole rimbalzano nella mia testa.

In effetti, a pensarci bene, quello che è capitato durante il viaggio è tutto tranne che atteso, tutto tranne che prevedibile.

Imprevedibili sono le reazioni del nostro corpo al tanto camminare; imprevedibile è il nostro stato d'animo a fine giornata: se ci fanno male i piedi, se abbiamo le gambe distrutte dalla fatica, ci vorremo ancora bene? Riusciremo ancora a ritrovare la forza, la voglia di ricominciare? Avremo da ridire, invidieremo l'altro perché sta bene e non ha nessun problema?

Questo fa parte del cammino, fa parte della vita. Ma andare verso Santiago, oltre a porti l'ordinario in maniera diversa, pone te stesso in maniera del tutto nuova. Sei in scoperta, e non lo sai; ascolti molto di più gli altri, la strada intorno, te stesso, e quasi non te ne rendi conto.

Non è spiegabile a parole quello che ci è capitato. Incontrare persone straordinarie, folli, che si prendono del tempo per spiegarti che la vita va oltre se stessi, che bisogna avere sempre un cuore puro e sognare, che il cammino è sempre una sorpresa e non sai mai ciò che può arrivare, ma è ciò che ti serve. Incontrare persone che ti dicono in faccia: «Siete come la mia famiglia», dopo averti incontrato un paio di volte per strada.

Costruire un gruppo da zero, provare a capirsi, prendersi a spallate e arrabbiarsi, accettare di cambiare ritmo per non rimanere soli e aiutare l'altro, aiutarsi, anche solo farci compagnia cercando di condividere la vita a parole, ritrovandosi nelle frasi dell'altro, riderci su. Affrontarsi a muso duro, immalinconirsi, condividere la rabbia, risollevarsi.

Amarsi, amarsi nei propri guai, in chi ti sveglia di notte perché russi troppo e in chi ti fa invidia perché non ha nessun dolore mentre tu hai cerotti dappertutto e invochi il santo che termini tutta questa sofferenza. Ricordarsi che se l'altro è stanco e tu no puoi fare la spesa per tutti, sbagliare e spendere troppo, o troppo poco: è il bello di vivere insieme, ricordarsi di cosa piace all'altro, dimenticarsene, fare errori e chiedere scusa, è prendersi cura.

Ascoltarsi e ascoltare, perché un bel giorno ti accorgi che non sei per niente solo e il tuo accelerare sulla strada o il tuo rallentare cambia le cose perché gli altri ci sono, e senza di te non sono la stessa cosa.

Scoprirsi e accettarsi perché in un modo o nell'altro arrivi da san Giacomo e, come tu sei, lui ti prende, ti abbraccia.

Prima di ritornare nelle nostre città quei personaggi che hanno popolato il cammino li abbiamo ritrovati tutti: viene da pensare che fossero lì, agli angoli delle strade, in attesa del nostro arrivo. In mezzo a migliaia di persone, c'era un senso di stupore, di incredulità. Non avevamo ancora capito che il senso del cammino era proprio nell'incontro con gli altri.

Tolto tutto, tolto lo zaino dalle spalle, rimesse a posto le scarpe benedette o maledette, è il dono che ci resta.

Maria
Angola: La bellezza delle piccole cose

L'Angola mi ha accolto, dopo un lungo viaggio, con un incantevole tramonto. Ed è pensando a questa meraviglia che, se dovessi accostare un colore all'Angola, sceglierei sicuramente il rosso!

Rosso perché è il tono che mi ha subito abbracciato:
rosso come la terra,
rosso come il sole,
rosso come il cielo al finire delle giornate,
rosso come le forti emozioni che il suo popolo ti fa provare.

Fin dalla prima sera a Luanda, il cielo tinto di rosso ha aperto i miei occhi e il mio cuore alla meraviglia e allo stupore... come se non avessi mai visto un tramonto in vita mia!

Mi sono sentita avvolta da un'atmosfera magica che mi ha lasciato senza fiato.

E così ogni giorno, per scrivere il diario, leggere un libro o per prendermi del tempo per me, mi sono fatta accompagnare da quella luce, da quei colori.

Stupore è una parola che nel viaggio mi ha accompagnato ogni giorno. L'ho vissuto osservando i bambini del Centro de Acolhimento Criança Feliz crearsi giochi con oggetti trovati nella spazzatura, quando una mamma mi ha messo il suo bimbo sulle spalle, l'ho visto e ascoltato nei canti e nelle danze che animavano i momenti di preghiera, nella semplicità della vita quotidiana, davanti al lento scorrere delle barche sull'acqua del lago.

Ho visto lo stupore negli occhi dei bambini che hanno sperimentato l'uso di diversi materiali da noi proposti, e hanno impiegato la loro curiosità producendo manufatti creativi e originali. Ricordo con piacere un'attività nella quale, a occhi chiusi, dovevano realizzare il loro corpo manipolando il pongo.

Forse nella quotidianità facciamo fatica a cogliere la bellezza delle piccole cose e a stupirci.

Da questa esperienza ho imparato ad avere, nella semplicità e nella povertà di questa realtà, un nuovo sguardo carico della bellezza che le piccole cose, vere e autentiche, sanno donarti: i tanti sorrisi, gli abbracci, l'accoglienza calda e ospitante della gente.

Ora sono tornata alla mia quotidianità e spero tanto che questo sguardo attento e stupito continui ad accompagnarmi ogni giorno.

7
Conclusione

Il viaggio continua,
finché l'uomo resterà un essere «educabile»

Il viaggio che ho proposto in questo libro non è certo concluso: l'educazione, tanto più «senza frontiere», non ha termine. L'uomo, essere «educabile» e «educante», chiede aiuto e offre aiuto continuamente.

Questo viaggio, che è lo stesso che compie chiunque si coinvolga in un processo educativo, di se stesso e degli altri, è la speranza dell'umanità del futuro.

Come ringraziamento agli amici di ESF e come invito a riflettere su tutto quanto loro per primi hanno sperimentato e sperimentano, mi unisco al saluto di Cristina Mazza, la Presidente di Educatori Senza Frontiere ETS, che riporto qui integralmente.

Il panorama di questi anni fa un po' paura. I nostri giovani guardano ciò che succede: l'incertezza di una pace duratura tra guerre visibili e invisibili, conflitti fantasma di cui nessuno sa, esseri umani contro esseri umani, donne in pericolo, bambini scomparsi e violati, anziani soli, clima incerto.

Dico poche parole non giudicanti che aprono panorami di riflessione importanti che devono svolgersi su tavoli dedicati.

Accanto a tutto questo bailamme, alla confusione generata, c'è qualcosa che si chiama cuore, scelta, vocazione, disegno, tensione, provvidenza... Il «mestiere» dell'educare esige qualcosa in più. Ed è proprio quel qualcosa in più che ci differenzia dai «mestieranti». Ognuno lo sa per sé, ognuno lo trova dentro di sé, è ciò che ci rende speciali.

Non ci piacciono gli educatori da scrivania. Per sua natura l'educatore è un camminatore, dentro e fuori di sé.

Ci sono protocolli da osservare? Setting da rispettare? Non importa. Ciò che vale è chi incontro, chi chiede aiuto, chi è disperato, chi ha bisogno di una guida. Ciò che vale è uno sguardo capace di perforare, una mano stretta capace di guidare. Ciò che conta è un sapere declinato non su pagine di libri, ma su storie, non generalizzato ma particolare.

Ci sono categorie di persone che ci hanno insegnato a identificare: i giovani con problemi legati all'uso e all'abuso di sostanze, le persone con disabilità fisiche e con problematiche legate alla salute mentale, i bambini abbandonati, gli anziani.

Tutto importante: per ognuna di queste categorie ci sono protocolli, definizioni, modalità di azione, obiettivi diversificati.

Ma la nostra responsabilità nei confronti dell'altro non si riduce a questo. Noi non siamo protocolli, siamo donne e uomini che hanno imparato a declinare i protocolli nelle varie situazioni nelle quali siamo chiamati a essere protagonisti. Noi non siamo definizioni, siamo donne e uomini che hanno imparato a riempire le definizioni di quell'umanità necessaria perché l'altro stia un po' meglio di come stava prima di incontrarci. Noi non siamo modalità di azione precostituite, noi siamo donne e uomini che agiscono a seconda di chi abbiamo davanti, di chi prendiamo per mano, di chi ci viene affidato.

Noi dobbiamo avere il coraggio di riempire il nostro fare di umanità, di quell'umanità che sembra scomparsa in un mondo dove tutto è permesso, dove tutto si può contestare, dove l'intelligenza è schiacciata dall'arroganza e dall'imbecillità. Noi siamo chiamati a cambiare le sorti di questo mondo, a rimettere al centro l'essere umano. Non solo quell'uomo bisognoso, non solo quello disperato, non solo quello smarrito. L'essere umano! Dobbiamo ripartire da lì.

Dall'educazione, dal rispetto, dai principi morali che hanno guidato la nostra storia e quella dei nostri genitori, e prima ancora quella dei nostri nonni, e così via. Dalla storia che ci ha mostrato quanto brutale può essere l'essere umano, una storia che non deve ripetersi, mai e poi mai.

Ripartire da progetti da costruire per la vita, da obiettivi da raggiungere impedendo di navigare a vista, da passi pesati e pensati che portino a realizzare sogni e dar movimento alla speranza.

Noi abbiamo davvero una grande responsabilità. Ma la capacità di gestire questa responsabilità cresce se ci prendiamo cura di noi, se alimentiamo il fuoco, se ci guardiamo dentro, se abbiamo il coraggio di discernere ciò che dentro di noi si accavalla come le onde di un mare in burrasca. Cresce se mettiamo in fila le priorità, non dimenticandoci di noi, del nostro presente e del nostro futuro. Se cresciamo noi, crescono anche gli altri attorno a noi. Se ci areniamo, inaridiamo e la nostra linfa vitale si esaurisce. «Stay human» è il grido che ci accompagna. Perché è solo restando umani, con il cuore vigile, gli occhi attenti, la mente aperta, che sapremo guardare il mondo con l'umanità necessaria a far sì che non perda il suo significato.

Essere umani è la cosa più importante che siamo.

Buon cammino a voi educatori erranti.

Postfazione

Ti faccio presente

di Emanuela Mancino[1]

È uno sguardo di rimando, quello di don Antonio Mazzi. Non sembra bruciare, ma arde per accendere, per affinare l'istante in cui una scintilla compare. Lo attende, quell'attimo.

Guarda e insegna a guardare con calma, attento all'intorno e al momento.

Osserva pungente e insieme sta lento all'ascolto, come distratto o intensamente assorto. Sembra abbia imparato a vedere un mistero nel punto esatto in cui sta per sorgere e chiedere spazio.

È da lì che lui parla ed è da lì che lui ascolta. È lì, dove la parola non ha ancora avuto modo di nascere, che don Antonio interpella, chiama in presenza.

[1] Docente di Filosofia dell'educazione, Pedagogia della comunicazione e Pedagogia dell'esperienza estetica presso l'Università degli Studi di Milano-Bicocca.

Gli occhi preparano, interrogano l'inquietudine, resistendo alla fretta di dire, di spiegare. Provano ad accendere e accogliere.

Da un punto di vista pedagogico, questo sguardo si è fatto metodo, mentre una visione chiara del gesto di andare incontro all'altro ha costruito e strutturato la materia ardente di un progetto che cresce e si fa largo non solo in quelle parti di mondo in cui l'educare di un pedagogista militante si sposta – attraverso il lavoro di tanti giovani –, ma nell'universo interiore di chi impara, con questo artigiano delle periferie esistenziali, a fare dell'educazione una liturgia quotidiana.

C'è un'educazione che esce: dalle aule, dagli spazi della pratica religiosa, dalle strettoie della mancanza e perfino del limite. È un'educazione che sa spingere e portar fuori, mentre non dimentica mai di proporre e proporsi di «stare dentro». Dentro alla vita, alla ricerca, all'incontro.

È un'educazione che ha fatto del margine la propria dimensione e la propria fatica: anzi, prende avvio lì dove le strade hanno termine, lì dove ha inizio il cammino.

Anche il luogo stesso del progetto di don Mazzi pare trovare spazio vicino all'altrove, sia di proposte nel mondo, sia in un territorio di Milano che richiede un passo capace di interrogarsi o di seguire le indicazioni. È un posto, quello di ESF, che sa custodire i passaggi, l'impegno di chi vi abita, la responsabilità di chi si pone sul crinale e da lì protegge e presiede quel confine tra memoria e desiderio, tra identità e cambiamento.

Quel crinale difficile – che ha scelto la via scomoda dello scomodare l'altro, per consentirgli di prendere contatto con la propria storia e finalmente arrivare a scegliersi – è la condizione stessa del viandante, di chi mette nell'andare dei passi la sola certezza di essere pellegrino e pellegrina.

E l'itineranza diviene la cifra di un'opzione pedagogica che rende chi accompagna un co-viandante, una guida che ponga per i percorsi altrui semi, silenzi, aiuto. E tutto questo tenendo lontane risposte certe e giudizi.

Partire è uno sbaraglio: lo è per chi educa, lo è per chi si mette in cammino.

È sbaraglio che non protegge dal rischio: di esplorarsi, incontrarsi, cambiare.

Perché in quel mondo, che don Antonio ci dice aver bisogno di cura, ci siamo noi che non sappiamo averne. Nemmeno per noi stessi.

È necessario prepararsi a non avere frontiere, ad andare, a stare altrove. Perché non si tratta di «portare» o «insegnare», ma di «portarsi», di «diventare segnali».

Il pericolo vero dello sbaraglio è allora la domanda.

Il pericolo vero è la presenza.

La pedagogia di don Mazzi espone al rischio di porsi domande e al precipizio di sentirsi accolti come presenti.

Questo fa il suo sguardo. E quindi questo fa il suo metodo (che dal territorio del pedagogico si radica nell'esperienza sempre in costruzione di ESF).

Espone ai bordi delle strade, di quelle spesso già percorse, per trovarne nuovi tratti.

Espone al margine della fatica, per saggiarne l'origine, il fine, il contrario della solitudine.

Espone alla ricerca di senso, attraverso lo spaesarsi, il gesto di toccare il dolore dove è urgente, fino a quel punto della ferita da cui può ripartire il movimento.

E il movimento può avere la forma del gesto, dell'arte, dell'elemento ludico, della parola: le collaborazioni che ESF promuove intrecciano il cammino con altre metafore esistenziali e con altre dimensioni pedagogiche. Una su tutte la scrittura.

È da quel fare su carta che si intravede una forma nuova; è in quell'ulteriore crinale di difficile impresa del dire di sé che la salvezza assume i tratti della responsabilità, del farsi carico della propria storia e del darsi orizzonti per rinnovati desideri.

Sono strumenti del bisogno umano, quelli che esercita don Antonio Mazzi: lo sguardo, il cammino, la penna.

Tutti richiedono e danno presenza.

Nella mia memoria, tra questi compare un oggetto che crea un'immagine che mi piace riportare, qui, ora. Una messa di don Mazzi, l'anno scorso; condividere il pane, il vino. Lui con un pastorale, gli occhi bassi in un momento plurale di formazione dei suoi educatori.

In ricordo di un legno che non ferisce, ma apre vie, è stato intenso quel «bastone» che dice che «non basta», che non «si basta»; che le mani che reggono non stringono per tenere, ma per tenersi, per sentire fino in fondo la forza dello stare, dell'essere insieme.

Il bastone, come la penna, è materia dell'attesa, legno che traccia la speranza, che ci tiene dritti quando la terra trema sotto i passi o sotto il coraggio.

E si tiene al bastone, come alla croce, don Antonio, come fa chi educa e chi parla, non da un sopra, ma da poco più in là, offrendo linee fragili ma salde, profezie di cadute e promesse di rilanci.

Ecco allora cosa arde, ecco quello sguardo che accade ostinato, capace di «far presente» e di «accendere il futuro»: restituendo a chi incontra la possibilità di guardarsi e di non coincidere con il proprio passato fino a farne un fardello pesante, un destino segnato.

In questo luccica negli occhi di don Antonio Mazzi quella pedagogia della speranza che parlava la lingua di Freire. In questo brilla il coraggio quotidiano di riconoscere il possibile come progetto per ciascuno.

Ringraziamenti

Questo libro è il frutto di vent'anni di cammino di Educatori Senza Frontiere. Un cammino fatto di passi condivisi, di mani che si sono strette, di sguardi che hanno saputo vedere lontano.

Chi è passato ha lasciato un segno: un dono fatto di incontri, di storie, di parole che ancora oggi risuonano e ci guidano.

A tutti voi, che avete camminato con noi, che avete creduto, costruito, sognato: grazie.

Questo libro è anche vostro.

Indice

Finito di stampare nel mese di settembre 2025
per conto di RCS MediaGroup S.p.A.,
da Rotolito S.p.A., Via Sondrio, 3, Pioltello (Milano)
Printed in Italy